超具体!

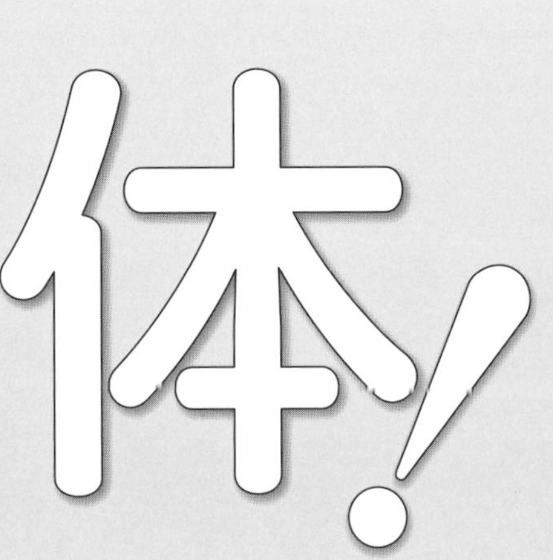

自由進度学習 はじめの1歩

難波駿 著

東洋館出版社

はじめに

自由進度学習

1	授業の進度を学習者が自分で自由に決められる
2	子どもが自分に最適だと考える計画を立てる
3	自分の判断で行動し、その結果を、責任をもって受け止める

「自由進度学習」…聞いたことはあるけど、やったことはない。

本書を手にとってくださった皆さんも、同じ思いの方が多いのではないでしょうか。本書執筆時に SNS を通じて 151 名の教員の方へのアンケート結果は以下の通りです。

①自由進度学習を現在取り入れている	8 %
②自由進度学習は知っているが、やっていない	**69 %**
③自由進度学習を過去にやっていた	6 %
④自由進度学習の手法を知らない	17 %

本書は **「自由進度学習に興味はあるけど、どのようにすればいいのか？」**

6 年かけて、自由進度学習に取り組んだ現公立小学校教員の立場から、具体的実践を伝える本です。

まずは**どのような歴史があり、どのようなやり方で、どのような効果があるか**、概要を述べていきます。

歴史

一般に「(単元内) 自由進度学習」と呼ばれる学習方法で、オリジナルの実践は 1980 年代初頭。愛知県の東浦町立、緒川小学校が「一人ひとりの個性に合わせた深い学びを実現する教科の一人学び」を目指して積み重ねてきた実践です。緒川小学校に赴任し自由進度学習と出会い、実践を重ねた竹内淑子さんは「教科の一人学び自由進度学習の考え方・進め方 (黎明書房)」で次のように紹介されています。

＊

緒川小学校には「週プロ」と呼ばれる教科の一人学びがあった。時間割に毎週 2 時間続きが 3 コマ、計 6 時間が位置づけられていた。「週プロ」は「2 教科同時進行・単元内自由進度学習」の緒川小学校での呼称である。(中略)「てびき」に示された目標や学習の流れを参考に、自分で 2 教科 (2 単元) をどういう順で進めていくのか決める。

＊

1980年からは約40年経った現在。新学習指導要領の改訂に伴い「個別最適な学び」や「ICT活用」の観点から再注目されている教育手法です。

やり方

その名の通り、**授業の「進度」を、子ども一人ひとりに任せ、各自が自分に最適だと考える学習計画を考え、自らの判断と責任で「自由」に「学習」していく授業手法です。**たとえば、小学5年生算数、教科書p.16～20の内容を3時間かけて学ぶとします。子どもに進度が任されているため、一つの教室の中にいろいろな子が存在します。

・1時間で全ページ終わってしまう子
・1ページだけやった後に、復習問題をドリルで解く子
・基本的事項の習得に自信がないので、教師の説明を再度受ける子
・友だちにアドバイスを求める子
・動画教材で学ぶ子
・小学4年生の学習事項から学び直す子

35人学級であれば、35通りの「計画・目標・動機」と「学習方法」が生まれます。具体的実践例は「CHAPTER 4」にて全12実践を紹介します。

・「単元内自由進度学習」（単元の枠組み内であれば自由にOK）
・「教科内自由進度学習」（その教科の枠組み内であれば自由にOK）
・「全教科内自由進度学習」（学校の教科の枠組み内であれば自由にOK）
・「学習内自由進度学習」（何を学んでいてもOK）

など様々なタイプがありますが、本書では全て「自由進度学習」に統一させていただきます。

効果

本書では、実際の公立学校の子どもの具体的な姿を通し、効果を伝えます。

・自分から学ぶ力
・自分から考える力
・自分から調整する力
・自分から工夫する力
・自分からふりかえる力

「自由」を得た子どもは「自分から〇〇する力」を飛躍的に伸ばしていきます。自由進度学習の学びを重ねるごとに、自律した学習者への階段を登っていく様子がハッキリとわかります。

全体像をお伝えしました。しかし、**なぜ2023年の令和の時代に自由進度学習なのか？**　と思われた方もいると思いますが…**むしろ今です**。

令和時代、自由進度学習は“より”展開しやすく、“より”取り入れるメリットが大きい授業手法です。その理由を、私の経験をもとに話します。

2017年、自由進度学習に初挑戦しました。小学6年生の担任で、織田信長、豊臣秀吉、徳川家康の戦国から江戸幕府の安定までの学習でした。子どもたち自らの好奇心を拠り所に学習進度を計画し、学んだのがきっかけです。

そのときの子どもたちの目の輝きが忘れられずに、同じ年の「小学校の算数総まとめ」の単元でも再チャレンジ。教師が黒板で1題ずつ時間を決め、子どもと答えを確認する従来の方式を辞めて、自由進度学習を取り入れました。小学6年生の子が自宅から小学3年生のドリルを持って、私のもとに駆け寄り、申し訳なさそうに話しかけてきました。

「先生、俺、そもそも、わり算わからんから教えて」と。

私が疑いもせずに取り組んでいた全員一律の方法では、声を出せずに困っていた子がいたのかもしれないと反省しました。

2018年から本格的に自由進度学習を取り入れましたが、デメリットに感じる部分も当然ありました。特に大きく感じていたことが2つあります。

1：授業準備に膨大な時間がかかること
2：結局は「困っている子に指導する時間」に大半の時間がかかること

この２つの課題を解決に導いてくれたのが**「一人一台端末」の導入でした。**私が勤めている自治体では2021年度から導入されました。導入前よりも遥かに**自由進度学習を取り入れやすくなった**と断言します。はじめの１歩を踏み出すには、絶好のタイミングといえます。

皆さん、「自由進度学習」に一度挑戦してみませんか？
どの単元でもいいです。５分でもいいです。
あなたの特性に自由進度学習が合うかもしれない。
クラスの子どもたちの価値観に自由進度学習が合うかもしれない。
やってみなくちゃわかりません。
授業のやり方を工夫することは、大きな一歩です。
さぁ、**やってみましょう、自由進度学習。**

本書の読み方

１章（CHAPTER）、２章では、自由進度学習の子どものメリットと先生のメリット。続けた先に見える教室の風景を伝えています。**「自由進度学習を始めると、どんないいことがあるの？」と気になる方**は、最初からお読みください。

３章、４章では、本書の題名の通り「超具体」の実践を掲載しています。３章では自由進度学習に必要だと考える基本の型を説明しています。基本の型が身につけば、どんな教科に対しても、どんな教育活動に対しても、応用が効きます。

４章では、小学３年生、５年生、６年生の子どもたちとの**「自由進度学**

習の具体実践」を12実践紹介しています。小さな1歩目が踏み出しやすいよう、5分から始められる実践から掲載しています。**「まずは自由進度学習の具体例が知りたい！」と思う方**は、3章、4章からお読みください。

5章では、少し視点を変えて自由進度学習における心のもち方・考え方を、6章では、自由進度学習が令和時代の教育において、重要だという想いを綴りました。7章では、自由進度学習を取り入れたいけど悩んでいる方に向けた「Q & A集」を掲載しています。**すでに自由進度学習の知識や経験がある方**は、こちらからお読みいただくのも、お勧めです。

子どもたちに「任せる範囲を増やすこと（自由）」は、けっして「放任」しているわけではありません。「自由」を経験しないと得られない力があります。「自由」に任せたからこそ、見つかる子どものよさがあります。

「自由進度学習」という授業手法が、皆さんの**「明日の授業が楽しみだ」と思えるきっかけ**となってくれたら、著者として、それ以上の喜びはありません。

難波駿

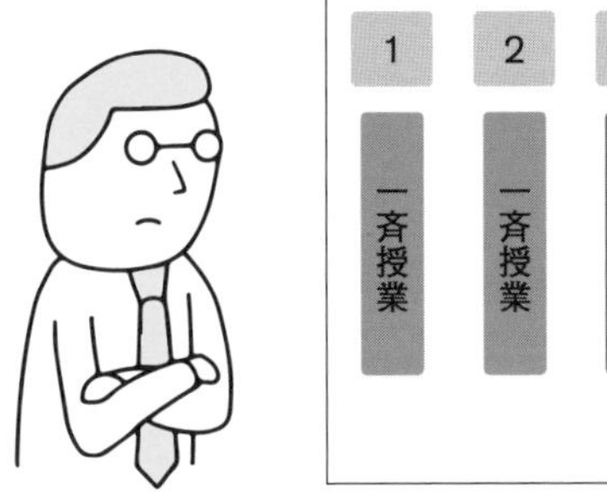

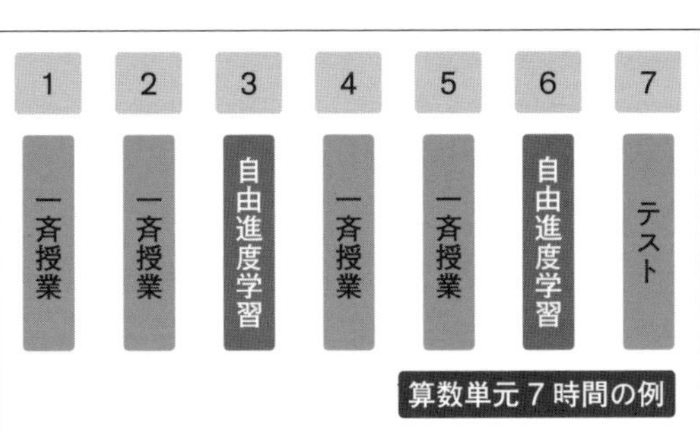

自由進度学習で、主体的で自律した学習者を小学校の教室から。

もくじ

CHAPTER 4
超具体「自由進度学習」はじめの1歩
――自由進度学習の具体例を知りたい！

CHAPTER 5
「自由進度学習」で「勉強の見方」に変化を起こす
――自由進度学習を多様な視点から考える

CHAPTER 6
「自由進度学習」で広がる、令和の教育の可能性
――自由進度学習を多様な視点から考える

CHAPTER 7
「自由進度学習」はやってみたいけど心配なこと
――自由進度学習へ１歩を踏み出すあなたへ

CHAPTER 1
「自由進度学習」を楽しみにする子どもたち
――自由進度学習をすると、どんないいことがあるの？

自由は責任を意味する
だからこそ
たいていの人間は
自由を恐れる

ジョージ・バーナード・ショー（イギリスの文学者・教育者）

2時間続けて社会がしたい！

明日の授業は楽しみですか？

私には、そう思えない時期がありました。

教員3年目の夏。先輩の算数の授業を見学しました。小学5年生『2つの量の変わり方』の学習。一斉授業の方式で、子どもたちが楽しそうに算数を学ぶ姿、先生の発問に対して真剣に考える姿、すべてが輝いて見えました。同時に「自分のクラスの子どもたちは、こんなにも楽しそうに学んでいない」と落ち込みました。そして授業のラスト、終わりを告げるチャイムが鳴ったとき衝撃の光景が目に飛び込んできました。

子どもたちが「もっと算数やりたい！」と先生に要求したのです。**先輩教師は「じゃあ次の時間も算数をやろうか」と言いました。次の瞬間「やった！」と子どもたちから歓声があがったのです。**「算数を2時間続けてしたい！」と目を輝かせて訴える子どもたちの姿に心打たれました。

先輩のような一斉授業を目指して、教科研究・学級経営研究に打ち込むも「算数を2時間やりたい！」と懇願する、あの日見たクラスの子どもたちの表情を見ることができず心残りの授業の連続でした。

がんばっても「退屈そうなあの子の姿」が気になる日々。

工夫しても「時計をチラチラ見るあの子の姿」が突き刺さる日々。

月日は流れ、「自由進度学習」の手法を知り、学び、試行錯誤を続けて6年間、教員11年目の2022年5月27日。**「自由進度学習」を取り入れた社会の授業。**3時間目が社会、4時間目が音楽の時間割でした。3時間目の社会の終わりを子どもたちに告げました。

T：「そろそろ時間です。3時間目、終わりますよ」

C：「先生、もっと社会の勉強がやりたいです」

C：「4時間目も社会にしてくれませんか？」

C：「社会！　社会！」

T：「気持ちはうれしいけど、音楽をやりたい人もいるんじゃない？社会がやりたい人はそんなにいるの？」

C：「は〜いっ！」

34人中32人の子が手を挙げました。2人の子は「社会もしたいけど、リコーダーの練習時間は少しほしい」と言うので、4時間目の音楽を半分にして、社会を20分延長することにしました。

T：「じゃあ20分だけ社会を延長ね」

と言うと「やった！」と歓声があがり、ハイタッチをする子もいました。

職員室に戻り、涙が出るほどうれしくなりました。この姿を見るのに11年かかった…ほんとにうれしい…一人喜びに浸りました。

まだまだ自分が素晴らしい授業ができているとは到底思えていません。

しかし、自信をもって主張できるのは**「自由進度学習」という手法を知ったこと、実践し続けてきたことは本当によかった**こと。

私と小学5年生の子どもたちには「自由進度学習」が合っていたのかもしれません。

「一斉授業」の形式“しか”知らなければ、あの日の感動は味わえることがなかったと思います。

勉強は遊びの選択肢の一つ

卒業式の３日前の話です。既に全教科の学習範囲を終えていた小学６年生とこんなやり取りがありました。

T：「明日の授業は、５時間目の卒業式練習以外は、君たちに任せようと思っているけど、どんなことがしたい？」
C：「勉強がしたい！」
C：「読書家の時間がしたい！」
T：「卒業式前だけど、お楽しみ会とかしないの？」
C：「それもいいけど、勉強の方が楽しいから」
C：「卒業する前に図書館の読み切っちゃいたいシリーズがあるんだ」
C：「中学校の予習がしたい。先生、コンピューター室が空いていたら使っていいですか？」
C：「私、休んでいた時のテストや理科の実験をやりたいな。先生、できる？」

次から次へと押し寄せる子どもたちの学びへの熱量に押され、卒業式２日前の時間割は以下の通り。

１～４時間目…自分で考えて勉強
５時間目…卒業式練習

当日の朝、まるで遠足の日のようなワクワクした顔で登校してきた子どもたちの表情が今でも思い出されます。子どもたちは４時間分の学習計画を立て、目を輝かせて学んでいました。

・5、6年生の算数の苦手を克服する子
・図書館でひたすら読書に没頭する子
・コンピューター室（一人一台配付前の話）にてプログラミングを学ぶ子
・中学校の数学の問題にチャレンジする子
・理科の実験を行う子

注意することなど一度もありませんでした。

子どもたちの、自由に生き生きと学ぶ姿を目の当たりにするたびに、私たち教師を含めた大人は以下のような問いを考えさせられます。

・勉強へのかかわりは本当に正しいのだろうか？
・子ども（人間）は、元来「学ぶのが好き」なのではないだろうか？
・ならば何がきっかけで「勉強が嫌」となってしまっているのだろうか？

その大きな問いの解決策の一つが「自由進度学習」であると信じています。しかし、「自由」にしただけでうまくいくはずがありません。

「自由には、自律と責任が伴う」ことを、子どもたちにも、わかる言葉で伝え、体験させ続けていく必要があります。まずは自由の場を設定すること。そして、自由とセットで**「勉強に対しての見方・考え方」の修正**が必要不可欠です。自由進度学習を通して、自律した学習者への小さな芽が出ることが私の大きな喜びです。

先生がいない日でも、やることは「自分を高めること」

新型コロナウィルスの影響で、子どもだけでなく、教員も学校にいけない状況が頻発しました。

私も当日朝に突如、担任している学級に行くことができなくなった日がありました。あまりに急だったので、代わりにクラスに入る先生に丁寧な引き継ぎをする時間もなく、子どもたちに次のメッセージを送りました。

難波駿
3月22日 （最終編集: 19:51）

おはようございます。
代わりに入ってくれる○○先生の話をよく聞きましょう。
先生は、２時間目には学校に戻ります。

【１時間目…算数】

①教科書116~121の範囲を、自分で考えて学びましょう。
②普段算数の自由進度学習で使っているワークシートを使ってください。
③計画を立ててから学び、終了５分前には振り返りをしましょう。

算数の自由進度学習で使っているワークシートは以下のものを使用。

算数の自由進度学習
ワークシート

上に、今日の学習のめあて（やること）
下に、その振り返りをしましょう。

勉強の計画タイム　最初の５分

（ここに入力できます）

メタ認知タイム　終了５分前

（ここに入力できます）

突然の自習形式の算数となり、小学３年生の子どもたちは困惑したかなと思いました。しかし、学校へと戻り、代わりにクラスに入った先生から様子を聞いて安心しました。

「僕、なにもやることなかったよ。ずっと一生懸命、算数やっているし、わからない問題があってもお互い教え合ってやっていたよ。高校生が受験前に自習しているような雰囲気だったよ。小学３年生なのにすごいね。逆に僕が、子どもの力になれることを必死に探した１時間だったよ。」

この言葉は本当にうれしかったです。私は子どもたちに、**小学校を離れても「学び続ける存在」になってほしい**と伝え続けています。だから「担任の先生がいるからやる」って心のもち方ではダメなんだよと。それだと先生が離れた場所では勉強しない子に育ってしまうからねと。

「先生の前では勉強する。先生がいなければしない。」それでは、自分のための勉強のはずなのに、先生が基準となった学びへとなってしまいます。

先生がいなくても、自分を高めることに「全集中」した小学３年生の子どもたちを誇らしく思います。

※急遽自習となった時間の自由進度学習用ワークシートの子どもの記述

勉強の計画タイム　最初の５分

今日は１１６p～１７pをする。終わって、時間が余ったりしたら、ニューコースの解説などを見る。まだじかんがあまったら、NHKforskoollを見る。

メタ認知タイム　終了５分前

今度は私が教える側になってあげました！■■■ちゃんのわからないところがあったので、教えてあげました！そしたら、「ありがとう！」
って言ってくれて、なんだか心がぽっとしました。感謝を受け取ると、こんなにいいことがあるんですね！嬉しいです！

勉強の計画タイム　最初の５分

今日も教科書をやろうと思います。教科書の全部のページがあと２～３ページぐらいで終わるのでできれば今日終わらせたいです。

メタ認知タイム　終了５分前

ようやく117ページまで終わらせれたので嬉しいです。あと全部合わせて4ページあるけど簡単かどうかはわからないので次は、その2ページをできたら次の算数の時クリアしたいです。

小学５年生との学びの記録
～責任を手放す楽しさと難しさ～

運動会が終わった直後の話。担任していた小学５年生の女の子２人との会話です。

T：「運動会が終わったね。よくがんばったね。ゆっくり休んで来週ね」
C：「来週から自由進度学習が始まるのが楽しみだな」
C：「たしかに。何曜日から始まりますか？」
T：「火曜日からすぐ始まりますよ」
C：（２人）「やった～！」

大きな行事を終えた後にもかかわらず、次の週の「学習活動」を心待ちにしていた２人。**自分の勉強のハンドルを自分で握っている**２人の頭の中には次の週の「学びたい」が溢れていました。学びが自分事になっている証拠です。

右のページに、令和４年度の小学５年生の子どもたちに、どのように「学びの責任を移行していったか」の記録を共有します。

年度当初は、子どもたちの学習はうまくいかないことだらけです。自転車が最初から乗れないのと同じで、学びのハンドルを任されて、うまくいかないのは当然ですよね。しかし、任せないと乗りこなせません。右の記録を参考に、子どもに任せる範囲を広げていきましょう。２人の子のように、翌週の授業を心待ちにする姿が見られます。

令和４年度、小学５年生、責任移行の記録

４月８日	教師の指導	教科のふりかえり / 学習者のメタ認知の指導
４月９日	教師の指導	一律の宿題から「選択制」の宿題を導入
４月14日	教師の指導 焦点指導	家庭学習の取り組みの開始 ふりかえり / メタ認知上級者の価値づけ
４月19日	教師の指導	「問いを立てる」指導、練習
４月22日	教師の指導	タブレットを持ち帰っての学習指導・挑戦
４月28日	個別学習	テスト前の１時間、個人で学習に挑戦
５月６日	協働学習	テスト前の１時間、グループでの学習に挑戦
５月10日	自由進度	漢字学習を一斉学習から自由進度学習へ移行
５月11日	自由進度	国語の書く単元で35分間の自由進度学習に挑戦 記述・推敲・共有の活動の間を自由に学ぶ
５月12日	自由進度	２回目の書写　１回目は１枚ずつ全員で書いたが、２回目は自分のペースで学習を進める
５月13日	自由進度	社会の次の単元からは自由進度学習と予告
５月20日	教師の指導	「計画と目標設定」の重要性を確認
５月24日	教師の指導	思考ツールの体験。自由進度学習で使える人はどんどん使ってみようと声をかける
５月25日	自由進度	算数のテスト前の１時間を自由進度学習に
５月27日	自由進度	社会の自由進度学習を開始
５月27日	自由進度	国語の書く単元で２時間の自由進度学習
６月１日	教師の指導	問いの立て方を再び指導する いい問いのサイクルを回している子の紹介
６月３日	個別学習	独学の時間〜ひとりで35分間学ぶ時間〜に初挑戦
６月４日	教師の指導	「集中して学ぶこと」を考える時間
６月６日	教師の指導	家庭学習交流週間を企画 「よい学び方」に目を向けて交流を促す

「自由進度学習」子どものメリット６選

自由進度学習の学習者（子ども）のメリットは次の６つです。

1：自分で考える力が身につく
2：自分に問いかける習慣が身につく
3：高いモチベーションで学びに向かう経験を重ねることができる
4：計画を立てる癖、見通しをもつ癖がつく
5：自制心が鍛えられる
6：自分から行動を起こすのが当たり前になる

共通するキーワードは「自分」です。なぜなら、自由進度学習は「自分」が動き出さなければ始まらない学習方法だからです。

「計画力」「目標設定力」「集中力」「修正力」「調整力」「対人関係力」

義務教育を終えた後の人生でも、子どもたちの大きな支えとなる力を、授業を通して身につけていくことができます。

当然、導入した当初はうまくいきません。うまくいかないのが当然だと考えて取り組み始めましょう。続けた先に、一斉授業だけでは見られない子どもの成長を見ることができます。

子どもの成長は本当に凄まじいです。

自由進度学習を始めた頃は「何をやったらいいかわからない」と15分も考えていたＡさん。たった1カ月で、自ら学習計画を立て、集中して学び始める姿が見られました。

自由進度学習になると、いつも友だちとおしゃべりをしてしまい、最後に焦ってしまっていたＢさん。タイマーを上手に活用し、休憩と集中の

感覚を身につける姿が頼もしく感じました。

一斉授業のときには、わからないことが恥ずかしくて、私が近づくとノートを手で隠していたCさん。自由進度学習では、信頼する友だちに「困っているから教えて」と行動を起こし、笑顔で成長する姿が思い出されます。

不安がる子も当然いるでしょう。「自由」ではなく、先生が講義してくれるという「安定」が好きな子もいます。

一方でクラスには「自由」が好きな子もいます。「自由」を経験することで大きな変化が生まれる子もいます。

「主体的反応」がたくさん生まれる授業を目指していきたいと考えています。

勉強の「主体的反応」とその反対

自分で考えたい	考えたくない
・自分を律する力がある	・自分以外のせいにする
・自分との約束を守る	・言われたこと以外やらない
・自分の行動の責任は自分	・責任を押し付ける
・自分で行動を決める	・不満、文句、愚痴を言う
（口癖）	（口癖）
「どうすればいいかな。」	「何すればいいんですか？」
「してみてもいいですか？」	「どうなれば合格ですか？」
「きっと」「よしっ」「やろう」	「だって」「どうせ」「でも」

COLUMN 1

子どもと保護者から見た「自由進度学習」

私は子どもたちに直接**「前期の先生との授業はどうだった？」と率直な評価を求める**場をつくるようにしています。マイナスなことを書いてもよいと伝えているので、「グサッと」突き刺さる言葉もありますが、受け止め、改善するように心がけています。

理由は、学習者主体の授業を目指すためには、学習者の声を訊くしかないと考えているからです。本コラムでは**「自由進度学習」への子どもたちの感想**を紹介していきます。

- 「自分で考えて、計画したことをじっくり取り組めるところ」が好きです。調べたいと思ったことがすぐ調べられる。やってみたいと思ったことをすぐにやってみることができる時間なのが楽しいです。
- 私はそもそも勉強自体が好きじゃなかったけど、友だちと一緒ならがんばれるってわかりました。友だちと時間を決めて、10 分間情報を集めようって教科書を見るのが楽しかったです。一人だと 1 分も教科書は読めないけど、友だちとがんばるなら 30 分でも読めます。
- 自分ができるところをどんどんできたのでよかったです。終わっても、人に教えることができるので、飽きないのでいいと思います。
- 友だちに聞く力がつきました。今までは、わからないことがあっても、先生が解説してくれていたけど、自由進度学習では自分から動かないと、何も進まないからです。友だちの教え方は教科書よりわかりやすいです。
- 自分のペースでできるので 1 問をじっくり考えられたのでいいと思った。自分で考える力がついた。
- 自由進度学習は自分のペースでできて自分でやりたいようにできるのがいいと思います。自分で考える力が自然と身につくのでいいと思います。
- 自由進度学習は自分的に好きです。早く終わったときに予習ができて余った時間も勉強できるからです。
- 自由進度学習は自分のペースで進められるし、自分一人だけで進めるというのは楽しいからとても楽しいし、一番好きな授業だと思っています（独学の時間も好きです)。
- スライドづくりで調べたとこをまとめるという力が身につき Power Up しました。プラスは自分のペースで進められること、楽しい理由は自分一人だけで進めるから。マイナスはないです！
- 好きとか難しいとかではなく楽しい（特に社会の自由進度学習)。
- 社会の自由進度学習は自分のペースで進めてとても楽しいです。
- 自由進度学習はとてもよいです。理由は自分のペースで進めるからです。

■友だちとできるから好き。
■自由進度学習楽しいです。なぜかというと自分でどこをやるかを自分で決められるからです。
■自由進度学習はとても好きです。なぜかというと友だちと一緒にできるからです。
■自由進度学習が好きです！　なぜなら友だちと一緒に考えるのが楽しいからです。友だちと協力する力がついたと思います。
■私は自分で選んだ勉強が好きです。だって自分が好きな勉強ができるからです。それは自分にとってとても最高なことです。自分のアタマで考えて勉強を続けたいです。

保護者からも以下のメッセージを頂きました。教室で読み、泣きました。

■３年生になり、学級だよりのテーマ「自分の頭で考えよう！」を目指し、クラスみんなで楽しそうに学んでいる様子がたくさん見られました。我が子の様子から見ると、気持ちや行動の面でたくさんの成長も見られました。

１つ目は、学習に向かう気持ちの成長です。自分で考える！ということがきちんと身につき、今何をすべきか、をしっかりと自分で判断できるようになってきたことです。テレビを見ていても、自分でスイッチを切ったり、こちらから声がけがなくても、やるべきことは終わっていたり、自分で計画を立てていたり、娘の成長をうれしく思いました。

２つ目は、楽しそうに取り組んでいたことです。楽しく勉強に取り組んでいることが、じわじわと親にも伝わってきました。難しい課題にもなんとか食らいつき、できたときには、うれしそうに報告に来ていました。自分もやれたんだと自信もたくさんついたのではないかと思います。

勉強って、子どもたちが本当に楽しく感じなければ続きません。先生が、1学期から、丁寧に子どもたちに根気強く学習の楽しさを指導していただけたおかげだと思います。自分の頭で考え、勉強を楽しんでいけるように育てていただいたことに心から感謝しています。やはり、親だけでの力では、ここまでは及びません。これから、高学年の入り口に入りますが、「自分の頭で考えて楽しんで学ぶ」。人生を歩むうえでも大切なことを教えていただきました。ありがとうございます。

CHAPTER 2

「自由進度学習」で輝く先生と子ども

——自由進度学習をするとどんないいことがあるの？

人生は
経験できなければ
理解できない教訓の
連続である

ラルフ・ワルド・エマーソン（思想家・哲学者）

「自由進度学習」先生のメリット６選

自由進度学習の教師のメリットは次の６つです。

1　子どもたちと対話できる時間が多くある
2　学習評価をその場で行い、即フィードバックができる
3　子どもたちの「学習力」に目が向くようになる
4　子どもたちの特性を考えられるようになる
5　管理ではなく、支援としての立場が取りやすい
6　単元を見通した長期的な計画を立てる習慣がつく

メリット１～５の補足

キーワードは**「余裕」**です。

教師が大半の時間、黒板の前で全員を見ている構造では、**気持ちの余裕**は生まれにくい。**常に「35 人全員を気にかけている状態」**だからです。

また**時間の余裕**があることで次のような光景も見ることができました。一斉授業では「質問ある人？」と聞くと、２人から３人、いつも同じ子どもが手を挙げていました。しかし、同じ教科で自由進度学習を取り入れると、45 分の授業で 18 人から質問を受けた日がありました。そう、**子どもたちは「質問がない」のではなくて「質問ができない（しにくい）」環境なだけ**だったのです。教師側から近づき、いくつか勉強に関する雑談をしていると、子どもからどんどん質問が出てくるのです。

自由進度学習中、教師が指示をする場面が減り、大半の時間は、子どもたちが各自計画した学習活動をしていることになります。教師は子どもたちに近づきやすいのです。

私は35分間の学習活動があれば、**何度も教室を回り、最低3回ずつは一人ひとり子どもに声をかけています。**

「その教科、その授業で身につけたい力」は当然頭の片隅にはありますが、**「子どもたちと対話をする」「子どもたちを応援する」気持ち**を大事にしながら、**余裕をもって関わることができる**のが大きなメリットです。

メリット6の補足

駆け出しのころは、明日の授業の準備で精いっぱいでした。授業当日の朝、板書の最終チェックや授業で使うものの準備で大忙しです。朝に何か予定外の出来事が起きた日は1日パニック状態ですよね。

そんな日々から抜け出せたのは**「単元で計画を立てる習慣」**が身についてきたころでした。私は国語の授業から始めました。1時間ごとに計画するのではなく、**8時間の単元で育てたい力をとらえ「じゃあ1時間目には何をしようかな？」という考え方**です。単元を見通した長期的な計画を立てる習慣がつくと、授業準備の生産性はどんどん上がっていきます。

「自由進度学習」をすると決めれば、長期的な時間を子どもに任せることになります。**教師は、長期的な計画を立てざる得ない状況になる**わけです。「次の社会の単元は、自由進度学習をするからね」と宣言してみましょう。その放課後には、「社会の単元を見通した計画」を始めているはずです。

単元を見通した授業準備の習慣こそ、皆さんの教師人生の大きな武器となってくれるでしょう。

家庭学習にもプラスの影響を与える自由進度学習の可能性

自由進度学習と家庭学習の相性は抜群です。家庭学習が習慣化している子にとっては、**家庭学習の時間も自由進度学習の一部**となっています。

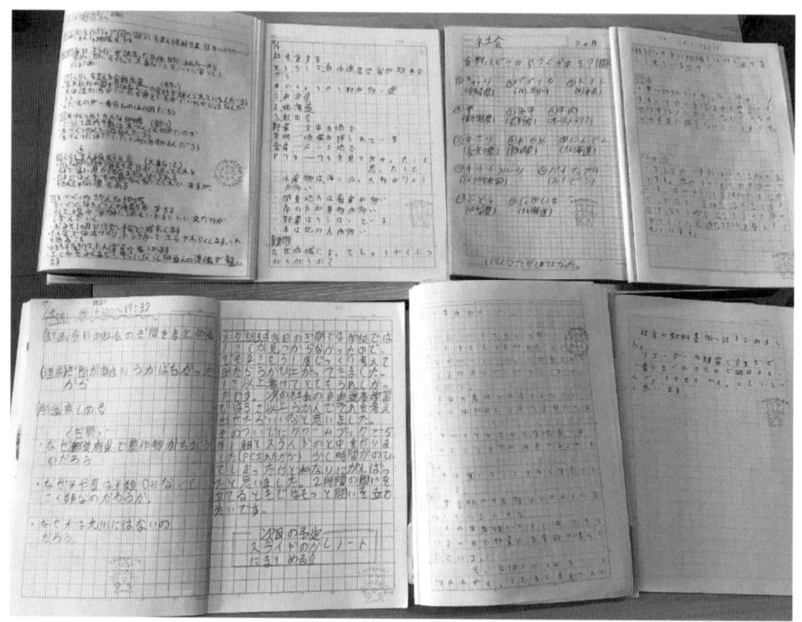

写真は、社会科の自由進度学習がある前日の家庭学習です。8人の子が家庭学習で社会科の勉強に取り組みました。10ページ分も取り組んでいる子もいました。教科書の全範囲を2回ずつ読み、5個以上の問いを立ててきた子もいました。まだ、**単元が始まる“前”の家庭学習です。**

子どもたちの家庭学習のモチベーションのヒントは社会科の学びのサイクルにあります。

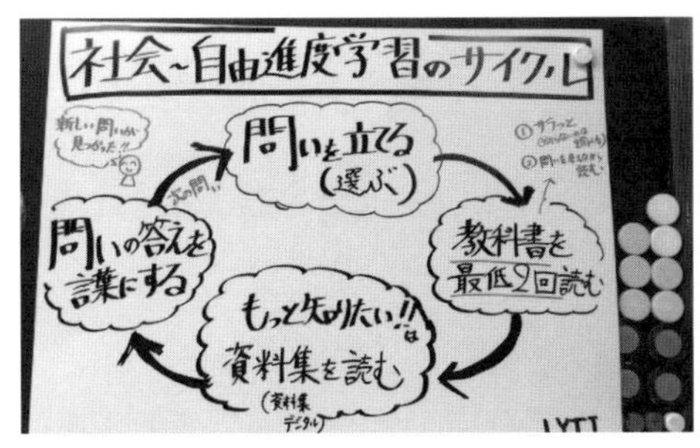

社会科の自由進度学習では「学びのサイクル」を回すことを大切にかかわっています。子どもたちは、学びのサイクルを何周もしたいのです。だから家庭学習でも「自分の勉強を前に進めたい」とモチベーションが生まれるのです。

家庭学習の習慣化が難しい子もいると思いますが、自分の役割を自覚したとき、好奇心が刺激されたときには何ページも取り組んでくることがあります。その**学びの芽が出た瞬間を、思いっきり価値づける**ように支えています。

ちょこっとコラム

もちろんメリットもある子どもや家庭もあるとはいえ「全員一律の宿題プリント」の運用は難しいと感じています。理由は３つあります。

1：「勉強＝成長」ではなく「勉強＝我慢、作業」の構造が生まれてしまう
2：家庭での環境が多様なため、一律の宿題は「公平性」に欠ける
3：教師の立場からしても持続可能ではない

自由進度学習の考え方の土台は「学ぶのは自分のため・学ぶのはレベルアップするため」です。本人の成長のために「宿題プリントに取り組む」のがよさそうであれば、その子には宿題プリントを渡してあげればいいと考えています。宿題プリントか家庭学習を選択できる仕組みも効果的でしょう。

運用を相当工夫しなければ、「全員一律の宿題プリント」は大きなマイナスを生んでいるように感じます。

一斉授業に 11 年、自由進度に 6 年

私はおかげさまで教員 11 年目を迎えています。多くの先生方、子どもたち、保護者に支えられてここまできました。

「少しでも恩返ししたい」「目の前の子どもたちによりよい授業をしたい」と様々な授業手法を試してきました。

最初はやはり「一斉授業」の手法で、生き生きと学ぶ子どもたちの姿に憧れました。多くの子どもたちが、実によい表情で、教師や友だちを見つめ、「この問題はどうしたらいいのだろう？」と一生懸命考える。そして「できた、わかった」の喜びを感じられる一斉授業を目指していました。

一斉授業に慣れてくると、以下のようなことも考えるようになりました。

・挙手の場面、どうしても暗い表情になる子はどうしたらいいだろうか
・座っているだけでは、10 分が限界そうな子がいるがどうしようか
・早く課題が終わって、暇そうな子がいる。何か手立てはないだろうか
・30 人以上で話し合うこと自体、そもそも難しいのではないか
・指示や説明がどうしても届かない子が複数いる。教師がその都度伝えるのも持続可能ではないし、どうしたらいいだろうか
・知識習得の授業では、インターネット上にアップされている動画に役割を任せた方がいいかもしれない。じゃあ担任ができることは何だろうか

いろいろなことを考えながら、試してきました。

2017年から始めた「自由進度学習」もいろいろ試した授業手法の一つでした。

11年一斉授業に取り組み、6年自由進度学習に取り組み、今現在感じているそれぞれの手法のよさと悩みを書き記しました。お互いに補完したり、別の手立ても試したりし続けたいと思っています。

◆一斉授業のよさ　☆悩み	◆自由進度学習のよさ　☆悩み
◆教師一人で多くの子どもに「指示・説明・発問」することができる ☆子ども全員には伝わらない。しかし伝えた側としては「もう伝えたよ」と感じてしまいやすい ◆学級「全体」としては「空白の時間」が生まれにくい ☆「個別」では「空白の時間」が生まれていて、その間は「学び」になりにくい ◆全員で共通の話題を話すことができる。盛り上がったり笑いがおこったり楽しさを共有できる ◆全員が注目している状況で、望ましい行動の価値付けを即時に行える ☆早く終わる子は「待っている」時間が長い ☆時間が足りない子は「えっ？　まだやっているのに」って状況が生まれやすい ☆構造上、話を聞いている時間がどうしても長くなってしまう傾向になる	☆長期間の「指示・説明・内容」を伝えるため、伝え方に工夫が必要。小分けにできず困惑する子もいる ◆「個別」では「空白の時間」が生まれにくい。学ぶ意欲が高ければ、授業中に常に学び続ける子が生まれる ☆「個別」で放置されていると感じてしまう子が出る可能性がある（保護者も含めて） ◆全員の前で話す場面はほとんどないので、人前で緊張してしまう子は生き生きと活動しやすい。また飽きやすい特性の子にも効果が高い ◆進度が自分で決められるので、待ったり、時間が足りなかったりがない ☆単元全体の範囲では、指導事項に到達できるよう個別の手立てが必要 ◆話を聞いている時間は少ない。活動時間が圧倒的に長くとれる

白か黒ではない。どちらにも、それぞれのよさがある

本書で繰り返し述べていますが、「一斉授業」を否定するつもりは１ミリもありません。しかし**一斉授業“しか”選択肢がないのは苦しいし、他の授業手法の方が、目の前にいる子どもたちにとって効果的な場合があるのではないでしょうか？　選択肢の一つに「自由進度学習」はいかがでしょうか？**と主張しているのです。

目の前の多様な子どもたちを育てるための選択肢は１つよりも２つあったほうがいいですよね。１つ目がダメでも落ち込まずに、２つ目を試すことができます。両方知っていることに価値があります。

自由進度学習、一斉授業、協同学習…など数多く存在しているのは、あくまで「手段」の話です。耳にタコができるほど聞かされているワードで恐縮ですが「手段は目的のために存在」します。

なんのための手段か？　**目的は何なのか…「子どもの幸せと成長」**です。

「自由進度学習」の発信をしていると「一斉授業をまずは完璧にできるようになってからじゃないと学級崩壊する」や「一斉授業こそ授業のイロハのイだ」と返答してくる方、またそのような考え方になってしまう人がいます。

教育の目的からどんどん遠ざかり悲しい気持ちになるばかりです。同じ目的のはずなのに、大人同士が足を引っ張り合っていてはよい教育ができるはずもありません。

私たちの仕事は討論ではありません。目の前の子どもの幸せと成長を支え、よりよい方法を考え続けることだと思っています。

私がいつも立ち返るようにしている考え方は、教師の手段が有効かどうかの**答えは「目の前の子どもがもっている」という考え方**です。

発言や記述から感じ取ることも大切にしていますが、最も大切にしているのは**「授業中の表情（目）」**です。授業がつまらなくても「先生、授業がつまらない」と言う子どもはほとんどいません。いくら教師側が言いやすい雰囲気をつくったとしても、「教師と子ども」の関係性の中で「授業つまんないです」と言うのは難しいでしょう。

だからこそ、表情（目）を見ることを大事にしています。退屈そうな表情は「退屈です」のメッセージなのです。反対に、授業終了のチャイムがなっても、勉強に夢中になっている表情は「勉強が休み時間より楽しいです」のメッセージだと受け取るようにしています。

「答えは目の前の子どもがもっている」

この考え方をいつも心に留めておきたいものです。時代が変われば子どもも変わります。子どもが変われば、子どもがもっている答えも変わります。**子どもの表情（目）を見るためには、教師の余裕が必要です。**

自由進度学習を取り入れて、子どもの表情（目）をじっくりと観察する習慣をとってみてください。

教育実習生から見た「自由進度学習」をする子どもたち

教育実習生の担当をした2021年の夏。一斉授業、グループ学習やペア学習など、様々な授業手法を見てもらいましたが、一番興味をもっていたのが「自由進度学習」でした。

教育実習生に限らず、研修や校内研究などで授業を参観に来られる先生から最も多くの質問や関心をいただく授業手法が自由進度学習です。実際に見ていただいた先生は「ちょっと取り入れてみたい」と思ってもらえているのだと思います。

本コラムでは、教育実習生から届いたお手紙を紹介しています。彼女のような20代の先生方がこれからの教育界のリーダーとなり、引っ張っていくことが楽しみでなりません。

拝啓

（前略）

あっという間の三週間は、大学生活の中でも一番に考え、悩み、成長したいと感じた日々でした。うまくいかないことや、解決しないこと、失敗することばかりで、自分の勉強の足りなさを痛感しました。

しかし、教育実習は、とてもおもしろく、楽しくて、たくさん笑って過ごせました。それは難波先生と三年一組の皆さんがあたたかく支えてくださり、たくさんのことを学ばせて下さったからです。

この教育実習では、「普通」や「あたりまえ」が180度変わるものとなりました。他では見たことない活動や、逆に他ではよくあることがなかったりしました。はじめは「よいのかな？」と思っていましたが、そこには先生の目的や意図していること、子どもたちの実態があって、その活動の方法をとっているのだと知り、「既存のものが全て良いことで万人に当てはまるわけではなく、だからこそ、よく考えなければいけないのだ」と学びました。

痛感しました しかし…

笑って過ごせました。それは、難波先生と三年一組の皆さんがあたたかく支えてくださり、たくさんのことを学ばせて下さったからです。

この教育実習では、「普通」や「あたりまえ」が180度変わるものとなりました。他では見たことがない活動や、逆に、他では

よくあることがなかったりしました。はじめは「良いめ…

いましたが、そこには先生の目的や意図していること、子どもたちの実態があって、その活動の方法をとっているのだと知り、「既存のものが全て良いことで万人に当てはまるわけではなく、だからこそよく考えなければいけないのだ」と学びました。特に、手を挙げて発言させることと、クラスルームでコメントして発言させることでは、やり方に大きな違いはありますが、全員が参加し、打ち込み、全員の発言をひろえて、手を挙げる発言では隠れてしまう子たちのこともの光らせてあげられるよさが、クラスルームの活用の方法にはあるとわかり…

CHAPTER 3

「自由進度学習」の基本の型

――自由進度学習の具体例を知りたい！

勉強の
いちばんの成果は
もっと
勉強したくなることです

日本教育大学院大学　ポスター

学び方の基本

老子の格言の一つに「授人以魚 不如授人以漁」という言葉があります。

「人に魚を与えると１日で食べてしまう。しかし人に『魚の獲り方』を教えれば生涯食べていく事が出来る」という意味を表しています。

教師の大切な仕事の一つは子どもに「魚＝知識」を与えることです。しかし、「魚の獲り方＝学び方」も合わせて教えることができれば、素晴らしいことだと思いませんか。

自由進度学習は、学習内容を教えるに留まらず、「学び方の学び方」も並行して鍛えていきます。「学び方」の成長なしには、成立しない授業手法なのです。

３章では、学習者として必要な「基本の型８選」の鍛錬法を紹介します。

授業を通して、子どもたちに「学び方」を教え、体験させ、育てていきましょう。

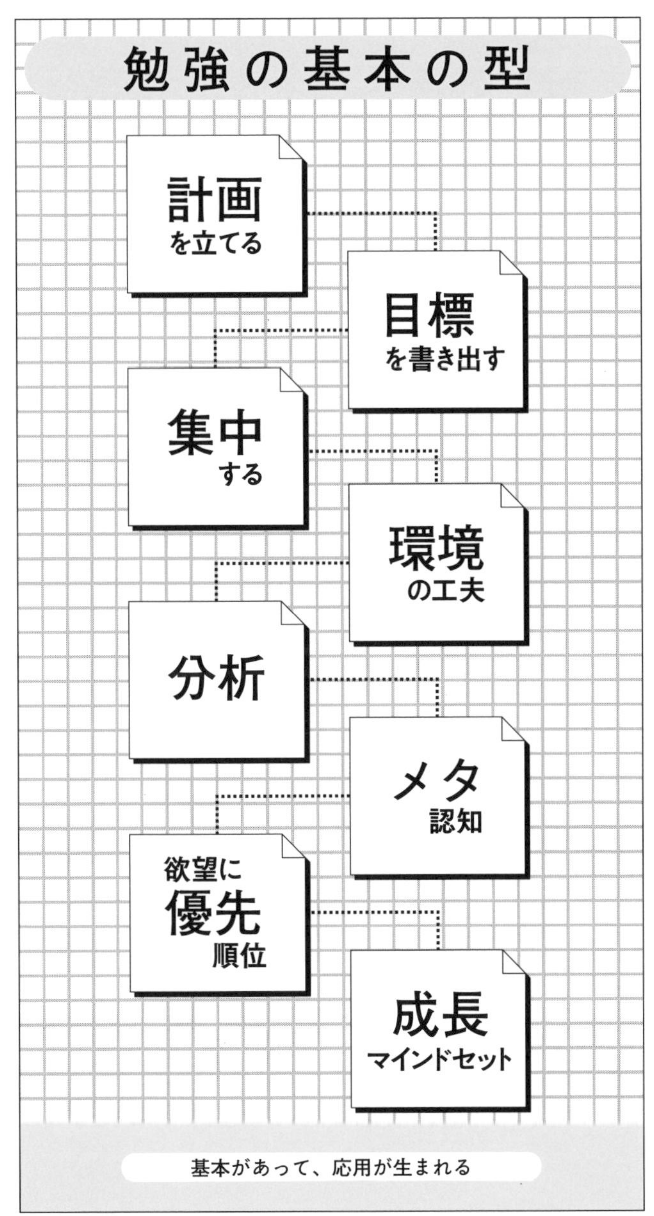
勉強の基本の型
計画
を立てる
目標
を書き出す
集中
する
環境
の工夫
分析
メタ
認知
欲望に
優先
順位
成長
マインドセット
基本があって、応用が生まれる

学習の計画を立てよう

【休み時間の終わりを告げるチャイムが鳴る】

C：「次の時間、何だっけ？」
C：「社会じゃなかった？」
C：「社会か～何すんだろうね」
C：「う～ん。わかんない」

子どもたちにとって勉強が自分事になっておらず生まれた会話例です。一方、教師はどうでしょうか。

「教科書の何ページをやるのか」
「身につけたい指導事項は何か」
「どんな発問をして、授業を始めるのか」

私たち教師は授業が自分事になっているので見通しをもって始めていますよね。

学習の主人公は子どもたちにも関わらず具体的なイメージを教師しかもてていないのはもったいないと考えます。

そこで、日々の授業で、**子どもたちに「学習計画」を立てる場面をたくさん取り入れましょう**。右のページにて、すぐに実践しやすいものを厳選して２つ紹介します。「順番」と「手段」の計画から始めてみましょう。

1 「やる順番」の計画を立てる場面を取り入れよう

最初に取り組みやすいのは「やる順番」を子どもたちに決めてもらうことです。教師が「何をやるか」、2つか3つ程度で指示をします。その順番を決めてもらうのです。これだけでも「やらされる感」はかなり減っていきます。子どもたち自身で、どの順番がいいか自分で計画を立ててもらいましょう。

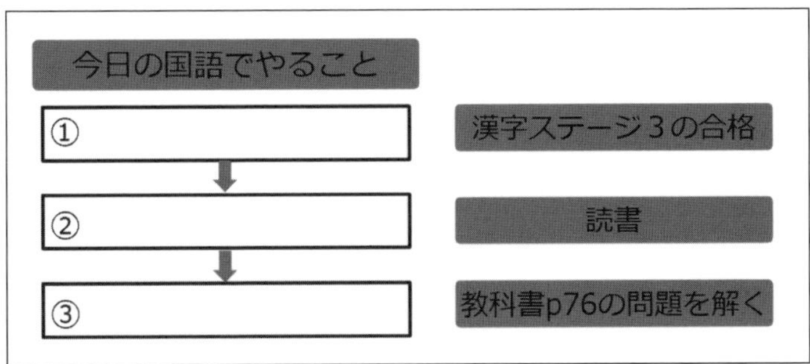

2 「何をやるか」の計画を立てる場面を取り入れよう

テスト勉強の時間は、子どもたちもイメージしやすく「学習の計画」が立てやすい時間だと考えます。「明日の、テストは何点が理想なのか」を目標設定する時間を確保します。その後**「じゃあ、今日の授業では、あなたは何をしたらいいのか？」**と問いかけ学習計画を立てる経験を積んでもらいましょう。

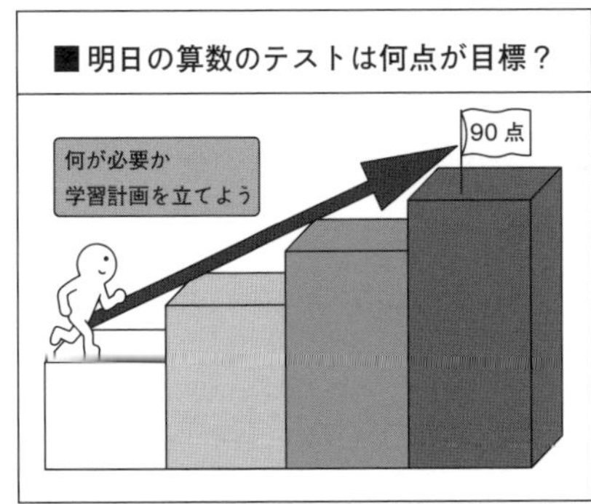

「何をやるのか」の選択肢は少しずつ増やしていきましょう。算数の場合だと、習熟の時間には個々人に合わせて多数の勉強方法を選択肢として示しています。

4章step4（p77）「6つのタイプ」を御参考ください。

2種類の目標を書き出そう

計画を立てる習慣がついた後は、**目標（ゴール）もセットで設定する場面**を取り入れていきましょう。

私はよく、勉強を「旅」に例えて以下のような語りかけをします。

「君たちは常に知の世界を旅している。でも『どこにいるのか』『どこに行きたいのかもわからない』そんな状態で一歩踏み出せるかい？」

目標（ゴール）を設定する習慣をもつことは、どこに向かうべきかの「コンパス」を手にして、見る習慣をつけることです。

私は２種類の目標を立てるよう促し、授業の中に取り入れています。

1：中・長期目標（1週間以上〜１年以上先の話）
2：短期目標（1日以内）

２種類の目標を書き出す行為を１週間に一度（難しい場合は最低１カ月に一度）は取り入れましょう。この書き出す行為が「自分自身との約束」となり、自由時間の子どもたちの活動を大きく変えていきます。

２種類の目標を立て、子どもたちを「自由の知の旅」へと解き放ってみてほしいです。旅といっても、学校の教室にいるのだから安全性は確保されています。**自由にすると遊びだす。これは子どもたちが「どこに向かうべきか」のコンパスを持っていないから**ではないでしょうか。

明確な目標をもっている子どもを「自由にどうぞ」と任せたときの行動を紹介した学級通信を一部紹介します。

自分の「人生のコンパス」があるＡさん

先週の全校朝会が終わった後の話。予定の時刻より15分早く終わったので、いつものように「ご自由にどうぞ」と伝えました。

すると先生の目の前にいたＡさんが「よしっ！　算数の勉強できるぞ！」と言って、すぐに算数の勉強に取りかかりました。先生は気になってインタビューしました。

先生　「Ａさん。算数は次の時間にもあるよね？　なんで算数の勉強を始めたの？」

Ａさん　「実はこの前の授業で『上から２けたの概数で求めましょう』って問題出たじゃないですか？　友だちから教えてもらって一応合格したんですけど、あんまり意味がわからなかったんです。僕の長期目標は、友だちに教える人になって、算数の時間にも人の役に立てるようになりたいので、算数をがんばりたいです。」

Ａさんは「自分のコンパス」がある人だと思いました。自分の人生の「向かっていきたい方向」を自分の心の中にしっかりともっている。だから人に流されないし、自由を与えられたときに「算数をやりたい！」とすぐに行動を起こせる力もあるのだと思いました。素敵だな。

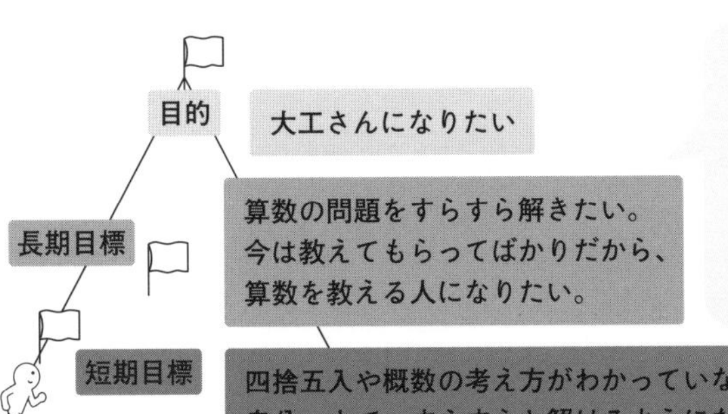

Ａさんの「長期目標」と「短期目標」の図。

目標を書き出しておくと、自由が生まれたときに進むべき道が明確になりやすい。

学習に集中しよう

勉強に集中できない悩みを多くの子どもたちは抱えています。「どうして集中できないのか？」「どうやったら集中できるようになるのか？」以下のような学級通信で伝えました。「フロー状態」という言葉を教えます。

勉強が苦痛じゃなくて夢中になる経験をしてほしい

今週12日の社会科の授業。チャイムが鳴った後も勉強を続ける○○さんに話しかけると驚きの返事が…。
「えっ！？　チャイムが鳴ってたの？　全然気づかなかった。もう授業終わりですか？」
○○さんのような状態を専門用語で「フロー状態」といいます。フロー状態とは、「そのときにしていることに、完全にのめり込んでいる状態」です。
先生が日々伝えている、夢中や没頭を表す言葉です。○○さんは時間のことなど忘れ、社会科の「フロー状態」に入っていたのでしょう。とても素敵なことですね。
先生が最近読んでいる本によると、フロー状態に入る4つのコツが紹介されていました。自分の勉強では、その条件を満たしているか考えてみましょう。

1：注意散漫な原因をとことん排除する
2：十分な時間を確保すること
3：好きなことをすること
4：少しだけハードルを高く目標設定をすること

1：注意散漫な原因をとことん排除する
→やることを一つに決めましょう。人間は一つのことにしか集中できません。

今は教科書を読む時間にするのか、友だちと情報共有する時間なのか。「何の時間なのか？」を決めて、それを実行することに集中しましょう。

2：十分な時間を確保する
→タイマーを使いましょう。「今から 15 分間は、教科書から情報収集をする」など取り組む時間を決めましょう。

3：好きなことをする
→たとえば、一人で黙々と取り組むことが好きな人もいます。友だちと協力しながらやりたい人もいます。自分の好きとかけ合わせて、目標に向かって学習を進めましょう。

4：少しだけハードルを高く目標設定をする
→最初に立てる計画が簡単過ぎる計画になっていませんか？　逆に難しすぎる計画になっていませんか？　フロー状態に入りやすいのは「少しだけ難しい」というような難易度の計画だそうです。試してみましょう。

直接子どもたちに語りかけてもいいでしょう。「どうしたら集中できる状態を自分でつくり出せるのか？」知識を伝えるのが効果的です。

知識を伝えた後はすぐに「試す時間」を必ず取ってください。

「先生、タイマーを使って時間を計って学んでもいいですか？」
「先生、今までは 80 点を目標にしていたけど 90 点にしてみたよ！」

そんな声が聞こえてきたら最高です。子どもの新たな挑戦を即価値づけましょう。

環境を自分で工夫しよう

子どもが授業中に「学習環境を工夫できる」ようにしてみましょう。

「45 分自分の席に座っていなきゃいけない」環境は勉強のパフォーマンスを劇的に低下させています。15 分以上座り続けると、認知能力と集中力が低下し、作業効率が落ちるという研究もあります。

教師の工夫で「友だちと交流していいよ」「ネームカードを貼りましょう」と動きを取り入れた授業を心がけている先生は多いと思います。次なるステップは、**子ども自身の判断で**「集中力が切れてきたから立ってやろう」「1分休憩、屈伸をしよう」と**「環境を工夫できる姿」を望みましょう。**

たとえば、社会の調べ学習時に「勉強の環境は自分で考えてよい」と示してみるのはどうでしょうか。以下の図のように、場所を決めて取り組んだこともありました。図書館がエリアごとに区切られているイメージです。

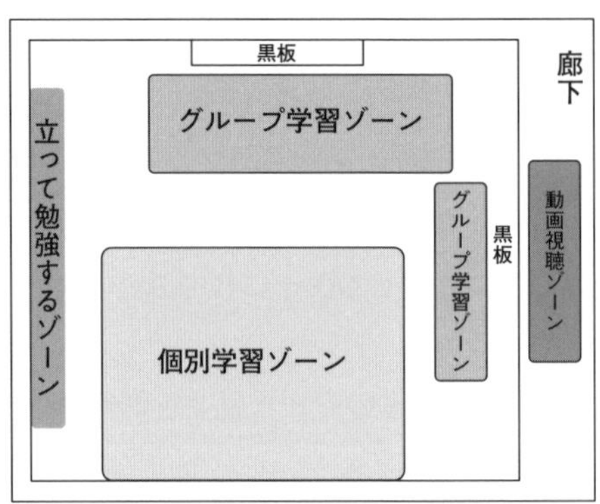

- 黒板を解放し、好きに使ってよいようにしています
- 動画の音量が気になるとの声があったので、動画を見る場合は廊下の長机で見るようにしています
- 窓側の棚がちょうど子どもたちにとっての「スタンディングデスク」の役割を果たしていたので、立ってするゾーンも設けました

他の教科の実践例では、小学３年生との算数。１年間の総復習の時間では「どこで学んでもいい」と環境を工夫できるようにしました。

実に多様な学びが見られました。写真のように、子どもは、立って学ぶことが好きな子が多いことがわかります。大人の視点だと、じっくり座って取り組んだ方がいいと思いますが、こうして任せてみると、立って学ぶ子が多いのです。

なかには、床に座り、ノートと教科書を椅子に置いている子もいて、「これが一番集中できることに気づきました！」と教えてくれました。

どの環境が自分に合うかは、自分で試し、自分に問いかけないと正解はわかりません。**教室の自分の座席で座って勉強することが苦手なだけで、勉強自体は好きかもしれません。**

そのような**無限の可能性を「自分の席で座ってやらなきゃダメ」という小さな縛りで潰されないようにしたい**ものです。

ちょこっとコラム

家庭での勉強で、親から言われないと自ら勉強を始めなかった子がいました。しかし、学校で「環境を工夫する鍛錬」を重ね、家で勉強に取り組む場所を自分の部屋からからリビングに変更したそうです。**たった一工夫で、家庭学習が習慣化した**と保護者から感謝されました。

「その場所でやらなきゃいけない」思考の縛りを解放していきたいと痛感したエピソードです。

小さな分析を繰り返そう

PDCA サイクル、Plan（計画）・Do（実行）・Check（評価）・Action（改善）を繰り返す手法は大人の世界では、聴き馴染みのある言葉ですが、子どもたちの大半は「知らない」ことが多いです。**意味を伝え、子どもたちに体験してもらいましょう。**必ず自由進度学習へと生かされます。

私は、小学生の子どもたちに馴染みやすいよう、Plan（見通し）・Do（やる）・Check（考える、気づき）・Action（調整、改善）と伝えています。

以下のようなシートに、**学習前に見通しを書く時間、学習中に考えや気づきを書く時間、学習終わりに修正、改善を書くよう促しています。**

子どもたちの PDCA サイクルを観察していると「もっと新しいことに挑戦してほしいな」「失敗を恐れずチャレンジしてほしいな」と感じるこ

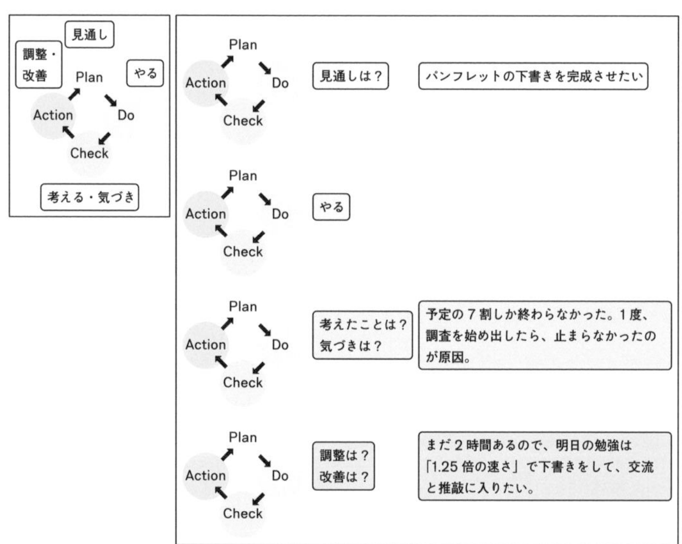

とがあります。PDCA サイクルが身についてきたころに、**「ラーニングゾーン」の話をしました。**学級通信を通して伝えた例を紹介します。

ラーニングゾーンで学び続けよう

「独学の時間」（自分で学習計画を立てて、一人で 35 分間勉強する活動）が楽しい人が続出中です。君たちに忘れないでもらいたいのは、勉強は「自分のためにするもの」だってこと。「独学の時間」…35 分間、別にボーっとしていてもいいし、やっているフリをしてもいいんです。でも君たちは一生懸命「35 分勉強する」を選んでいるよね。

35 分前の自分が知らないことが知れた。35 分前の自分ができないことができた。これが勉強なんだと実感してほしくて独学の時間を取り入れています。

さて、あと 5 回の独学の時間を予定していますが、PDCA サイクルで大切な視点を伝授します。「コンフォートゾーン」という図の話です。

3 つの円がありますよね。人間はコンフォートゾーンにいるのは楽だし快適だけど、成長はないのです。

パニックゾーン
ラーニングゾーン
コンフォートゾーン

逆にパニックゾーンの課題は、難しすぎて、不安となりやすく「嫌、やめたい」となるのだそうです。

よい計画は、ラーニングゾーンの、ワクワクが生まれる課題。ちょっと高い壁である課題がいいでしょう。

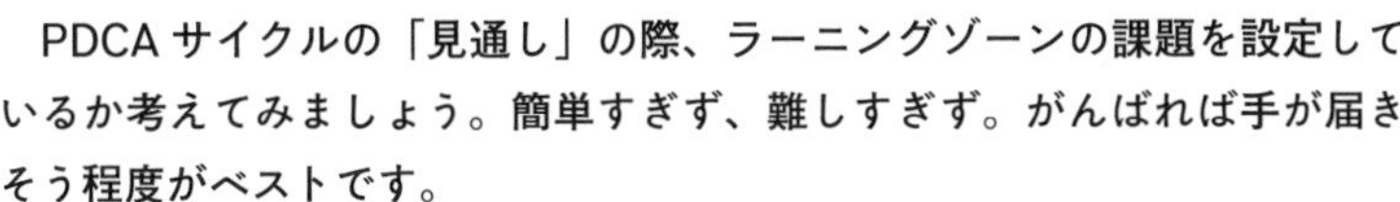

PDCA サイクルの「見通し」の際、ラーニングゾーンの課題を設定しているか考えてみましょう。簡単すぎず、難しすぎず。がんばれば手が届きそう程度がベストです。

C（考える・気づき）と A（調整・改善）のとき、課題の難易度をチューニングすることも大切です。難易度が変われば、皆さんのモチベーションも変わってくるかもしれません。小さな分析を繰り返し、自分が最も勉強を楽しめる状況を自分の工夫でつくりましょう。

※勉強の型を学ぶうえで、最も有効な手段が「独学の時間」です。58 ページのコラム 3 を参照に取り入れることをおススメします。

学習者としての「メタ認知」の時間をとろう

脳科学者の青砥瑞人さんによれば、メタ認知を次のように述べています。

＊

- メタ認知とは「自己を俯瞰的にとらえ、自己について学ぶ機能」のこと
- 自分と向き合う習慣がない人ほど他責になる
- 子どもが当事者意識をもった大人になれるかどうかの分かれ道は、結局のところ「どれだけ自己と向き合ってきたのか」の経験値によるところが大きい

＊

自由進度学習を継続していくには、教科の成長のみならず**学習者としての成長も必要**です。近年、重要性が議論されている自己調整学習の概念です。学習者自身が自らを俯瞰的にとらえる場面を授業で積極的に取り入れましょう。

授業のふりかえりをとっている先生は多いでしょう。**その時間に「学習者の私」の観点でメタ認知の時間も取るよう声をかけましょう。**

自分という人間は「どんな人間なのか？」自問自答して考え続ける習慣は、人生においても重要です。

子どもたちが記述した「メタ認知」を、共に考え、支えていきましょう。教師はよき理解者、応援者としてかかわりましょう。子どもの安心した学校生活にも繋がります。

学習者のメタ認知も取り入れたワークシート例を紹介します。

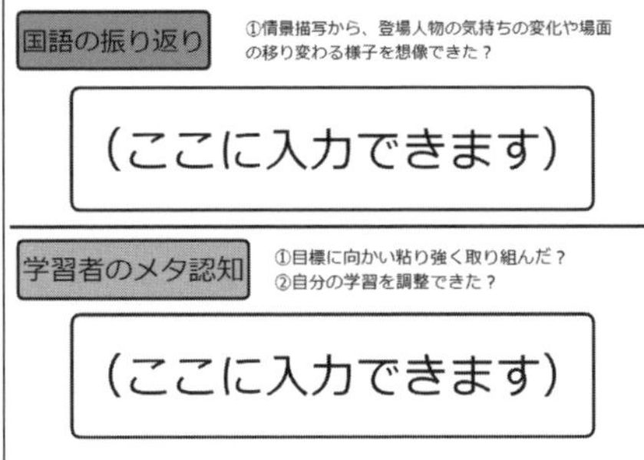

1年間継続すると**小学3年生で以下のようなメタ認知を書くことができます。**私もメタ認知の習慣がついてきたのが30歳を過ぎてからです。10歳にも満たない子たちが、これだけ自分と向き合っている姿を見るのは、本当に頼もしいです。

今日の家庭学習のふりかえり

今日はあまり楽しく勉強ができませんでした。きっかけは最初に解いた問題が90点だったからです。自分では100点だと思っていたので、「なんで間違えたの！？」ってイライラしちゃったのが原因だと思います。私は今日だけじゃなくて、これまでも同じことがあったので、最初に取り組むのは簡単にしたり、点数がつかない問題をやったりしたらいいと考えました。明日から、そうしようと思います。

習い事がある日は適当な自分

今日は習い事がありました。いつもは習い事の前に勉強をしているんですけど、今日は色々バタバタしちゃって、習い事の後にやりました。結果は、疲れていて全然できませんでした（わかっていたこと…）。やはり習い事の「後」に勉強するのは、今の自分には向いていないので、勉強したいことがある日は習い事の「前」にいかに取り組むかが大事だと思っています。軽めの読書にするとかもいいかもしれません。

最も大切だと思うことから取りかかろう

ビックロック（大きな石）の法則は私が好きな話の一つです。『7つの習慣』で有名なスティーブン・コビーさんが言い始め、今でも多くの人に語り継がれているたとえ話です。

*

大きな石をいくつかと、小石をひと握りと、砂の詰まった袋と、大きめの瓶がある。全部を瓶に入れるには、小石や砂から入れては、大きな石が入らなくなる。しかし大きな石を最初に入れた後に、小石や砂を入れると、全部が瓶に入るよねという話。要するに**「重要だと思うことから取りかかりなさい」という教え**である。

*

勉強においても非常に大切な教えだと受け取っています。「欲望に優先順位をつけて、自分にとって最も重要なものから取り組む力」は授業を通して鍛錬を重ねたい力の一つだと考えています。

先生が目の前にいるから勉強する。先生に怒られないために勉強する。こんな退屈な「勉強への見方・考え方」をしているから、いざ1人になったときに、自分をコントロールできないのです。

「宿題を親が何度も何度も声をかけ、叱責しないと始めない」という保護者の悩みも「優先順位をつける力」を学校で鍛錬することで、防げる可能性もあるのではないでしょうか。

子どもたちを**自律した学び手に育てるには「学校の場」でそのための鍛錬**が必要です。

活動が子どもたちに任されている自由進度学習は「もっとも大切だと思うことから取りかかる力」を鍛えるために最適な手法の一つです。

以下のような４象限の思考ツールを用いて、考える時間をとることもしていました。子どもが自分自身に問いかけ「最重要な課題」は何かを考える時間を確保しましょう。

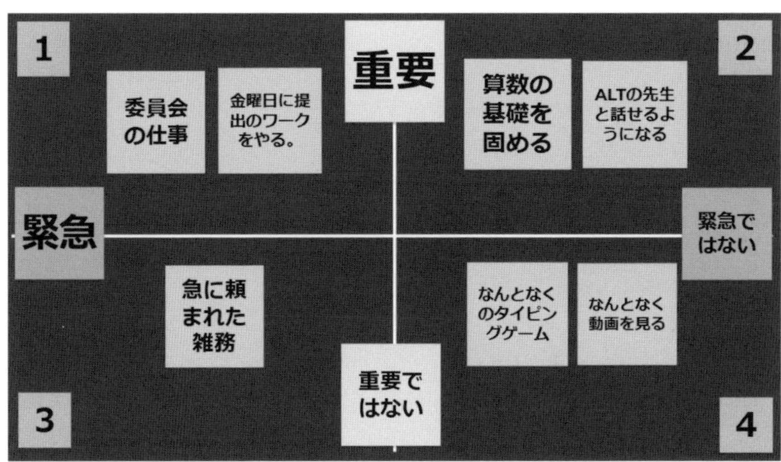

１番の部屋（重要で緊急なこと）を終わらせて、余った時間を４番の部屋（重要でもなく緊急でもないこと）に使う人が大半であることを伝えます。皆さんを**「より人間的に成長」させてくれる２番の部屋の時間を確保する大切さ**を語ります。

自由進度学習で多くの自由を手にした子どもたち。自由を手にしてこそ、初めて**「自分の時間の優先順位」を考えることができます。**

教師も友だちもいて、一人ではない教室。ゲームもベッドも漫画もない教室。**家よりは遥かに誘惑の少ない教室で「欲望の優先順位のコントロールができない人間」が自分の人生をコントロールしていくのは難しい**でしょう。

優先順位をつけて、行動をコントロールしていくことは大人ですら相当難しいことです。授業を通して、繰り返し鍛錬を重ねましょう。

自分は成長できると考えよう

マインドセットという言葉を知っていますか？　マインドセットとは、考え方の癖、あるいは思考傾向のことです。社会心理学者のハイディ・グラント・ハルバーソンさんは、私たち人間は「証明マインドセット」と「成長マインドセット」のどちらかを持っていると述べています。それぞれの考え方の癖は次のとおり。

【証明マインドセット】
・自分の能力の証明に焦点を当てている
・人に自分の能力を見せつけ認めさせようとしている
・自分と他人をいつも比べている
・人に助けを求めることは自分の弱さをさらけ出すことと考える
・ミスをすることをいつも恐れている
・「自分には無理」と不安に陥り、あきらめてしまう
・道筋やプロセスを楽しむ余裕がない
・苦手リスト、できないことリストがいつも頭のどこかにある

【成長マインドセット】
・自分が向上することに焦点を当てている
・他人の目をあまり気にせず、やると思ったことをやる
・能力を高める、新しいことを学ぶ、そして時間とともに向上していく、
それらが重要だと思っている
・困難に直面したときも粘り強くがんばり続ける

固定的にどちらかをもち続けているわけではないのですが、**明らかに「成長マインドセット」をもつことは有利であるし、何かしらの理由で「証明マインドセット」に陥ったときはうまくいかない**とハルバーソンさんは主張しています。

教師が、「目の前の子どもたちに期待する考え方の癖」はどちらでしょうか？　迷うことなく「成長マインドセット」をもってほしいと願うでしょう。

教師は、子どもたちが成長マインドセットの「考え方の癖」をもって、学校生活を送ることができるようにかかわっていかなくていけません。

「私は算数が苦手だ。どうせできない」

「自分はがんばっても、○○さんには負ける」

「失敗したら恥ずかしい。やめておこう」

何かしらの理由で、証明マインドセットに陥ってしまっている数多くの子どもたちがいます。成長マインドセットが少しずつでもできるようにかかわっていく使命があるでしょう。

読者の皆さんなら、クラスにいる証明マインドセットの子に、どのようにかかわり、どのような仕組みづくりをしていきますか？

自由進度学習は「証明マインドセット」が発動しにくく、かつ「成長マインドセット」が生まれやすい構造です。たとえば、テストの時期を一斉ではなく、バラバラにして、何度でも再テストを受けられる仕組みは代表的な例でしょう。1回目のテストは50点だった子が自主的に受けた再テストで65点をとると、うれしそうな顔をのぞかせます。私も「前より15点も上がったね」と声をかけて、テストを返します。**他人と比較しすぎず、自分の成長に焦点を当てられる環境**をつくっていきたいと考えています。

COLUMN 3

「独学の時間」～勉強の基本の型を学校で鍛える～

CHAPTER 3 で紹介した、自由進度学習の土台となる「学び方の基本 8 つの型」をすべて網羅した学習があります。「独学の時間」です。

独学の時間とは「学習計画を 5 分立てた後、1 人きりで 35 分間勉強し、最後に 5 分間メタ認知に取り組む時間」です。始めたきっかけを話させてください。

校内で研究授業があった場合、自分の学級に「自習時間」の体制を敷かないとならないときがありますよね。教員駆け出しの頃の私は、すべてを私が指示していました。次のような内容を黒板にいつも書いていました。

1　漢字プリントをする
2　次に教科書 P.20 を 2 回読む
3　終わったら読書をする
※ただし、おしゃべりはしないこと

子どもは「嫌だ」とは言わずとも、行動でメッセージを発していました。私が「自習時間」の途中に教室へ戻ると、急に慌てて勉強を始める子やおしゃべりをやめる子がいました。ある子が近づいてきて「みんな先生がいない間、ずっとおしゃべりしていたよ」と教えに来る自習時間が続いたのです。

未熟だった私は、その都度「おしゃべりは迷惑だからよくない」と学級指導を繰り返していました。しかし、今思えば「自習内容がつまらない」との子どもたちなりのメッセージでした。

そこで「何の勉強をするか？」を子どもたちにどんどん自由に任せていったのが「独学の時間」を始めたきっかけでした。

教師が「何をするか指定する」から「子どもが学習を計画する」
たったこれだけの小さなちがい。しかし、これは大きなちがいを生みます。

段階的に「自由の範囲」を増やしていく。令和 3 年度の小学 3 年生にどのように「自由の範囲」を増やしていったかの記録を共有します。図 1 の通りです。

子どもたちが「大好きな授業」の一つにあげることも多い、人気の授業です。

6 回目の時点で、担任がいる状態の「独学の時間」ができ上がっていました。

7 回目、担任が教室にはいない前述の「自習時間」とはまったくちがう状況なのです。7 回目のとき、私が「独学の時間」の途中で教室に戻ってきた際、先生の存在にまったく気づかない子どもたち。「授業、終わりだよ」と声をかけると「えっ？　もう終わり？」というほど勉強に夢中になっていたのです。

先生がやることをすべて指示する「自習時間」ではなく、**自分で計画を立てて、自由に 1 人で学ぶ「独学の時間」をおススメします。**

図1 「独学の時間」の進め方　小学３年生

回	担任の有無	時間	何の勉強をするか？
1	有	10 分	漢字 or 読書 or 算数ドリル
2	有	15 分	漢字 or 読書 or 算数ドリル or 理科 or 社会
3	有	25 分	国語 or 算数 or 社会 or 理科 or 英語
4	無 （他の教員）	25 分	国語 or 算数 or 社会 or 理科 or 英語
5	有	30 分	音楽 or 図工 or 体育 or 総合
6	有	35 分	すべての教科から自分で考えて計画 本コラムで述べる「独学の時間」の完成形
7	無 （完全に自習の状態）	35 分	すべての教科から自分で考えて計画

実施するだけでは、当然うまくいかないので**「独学の時間」を通して、「学び方の基本８つの型」を鍛えていく**ことが重要なのです。

５分、10 分と子どもたちに任せ、自由の範囲を広げていきましょう。

「集中して勉強するって楽しい。勉強して成長するって楽しい」。なんとなく過ごしていただけでは得られなかった達成感を是非とも味わわせてあげてほしいと思います。

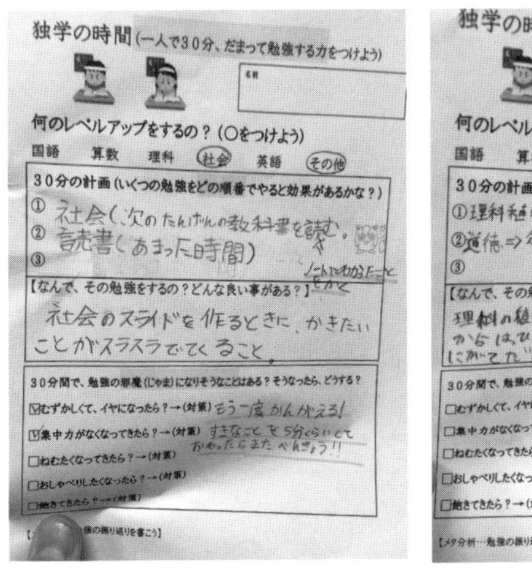

独学の時間（一人で30分、だまって勉強する力をつけよう）

名前

何のレベルアップをするの？（○をつけよう）

国語　算数　理科　社会　英語　その他

30分の計画（いくつの勉強をどの順番でやると効果があるかな？）

① 社会（次のたんげんの教科書を読む。
② 読書（あまった時間）
③

【なんで、その勉強をするの？どんな良い事がある？】

社会のスライドを作るときに、かきたいことがスラスラでてくること。

30分間で、勉強の邪魔（じゃま）になりそうなことはある？そうなったら、どうする？

☑むずかしくて、イヤになったら？→（対策）もう一度かんがえる！
☑集中力がなくなってきたら？→（対策）すきなことを5分くらいしておわったらまたべんきょう!!
□ねむたくなってきたら？→（対策）
□おしゃべりしたくなったら？→（対策）
□飽きてきたら？→（対策）

【……強の振り返りを書こう】

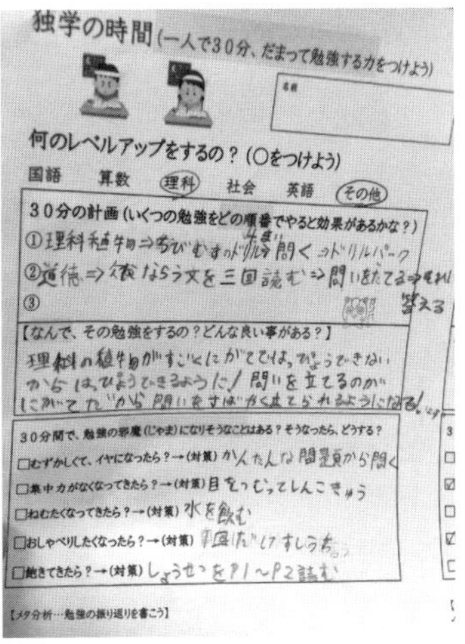

独学の時間（一人で30分、だまって勉強する力をつけよう）

名前

何のレベルアップをするの？（○をつけよう）

国語　算数　理科　社会　英語　その他

30分の計画（いくつの勉強をどの順番でやると効果があるかな？）

① 理科植物⇒ちびむすのドリル⇒問く⇒ドリルパーク
② 道徳⇒教科書の文を三回読む⇒問いをたてる⇒それに答える
③

【なんで、その勉強をするの？どんな良い事がある？】

理科の植物がすごくにがてではっぴょうできないからはっぴょうできるように！問いを立てるのがにがてだから問いをすばやく立てられるようになる！

30分間で、勉強の邪魔（じゃま）になりそうなことはある？そうなったら、どうする？

□むずかしくて、イヤになったら？→（対策）かんたんな問題から問く
□集中力がなくなってきたら？→（対策）目をつむってしんこきゅう
□ねむたくなってきたら？→（対策）水を飲む
□おしゃべりしたくなったら？→（対策）
□飽きてきたら？→（対策）しょうせつをP1～P2読む

【メタ分析…勉強の振り返りを書こう】

☆ワークシート原版は購入者特典（p.200）にあります。そのままコピーしてお使いください。内容を変えたい等の理由で、データとしてほしい方は、facebook グループ「自由進度学習会」にて共有していきます。

CHAPTER 4

超具体 自由進度学習 はじめの１歩

——自由進度学習の具体例を知りたい！

一日
生きることは、
一歩
進むことでありたい

湯川秀樹（物理学者）

STEP 1
自分で決める場面を取り入れてみよう

自分から考えて、自分で決める力をつけてほしいと願う先生は多いでしょう。学校生活の中で**最も多くの時間を占める授業の中で「自分で決める場面」を取り入れましょう。**

だたし、注意点があります。クラス全員に問いかけて、7割の子が「はい」と同意したことは自己選択にはなりません。返事をしていない3割の子はもちろん、7割側の子でも「先生がやりたい方向性はそっちなんだな」と感じる子がいるからです。そもそも「反対意見を言うのが面倒くさい」という子も数多くいるでしょう。全員に問いかけて、全員で決める機会では、自己決定の力はつきません。

「自分で決めた行動が、自分の勉強で即実現する経験の積み重ね」が重要です。新しく受けもった学級の場合、4月の段階では、長い単元での自由進度学習は実施しません。まずは、自由進度学習の土台として「自分の勉強にかかわること」の自己決定を繰り返してもらいます。自分の学びにかかわることを自分の意志で決められることが、はじめの第1歩です。

4月に子どもに問いかける「選択」の例

(朝)
・身支度を済ませてから宿題提出？　宿題提出してから身支度？

(授業中)
・1人でやる？　誰かとやる？
・ノートにまとめる？　タブレットでまとめる？
・紙の資料集で調べる？　デジタル資料集で調べる？
・先に録音してから修正する？　練習をしてから録音する？

(家庭学習)
・ノートにふりかえりを書く？　タブレットでふりかえりを送信する？

何度も何度も「選択する場面」を子どもたちに迫ります。このかかわりなしには、自由進度学習は始まりません。

「選択する子ども」を目の前で見ていて、頻繁に伝えることが多いメッセージは次の3つです。

1　選ぶとは、もう一つの道を選ばないことでもある

選んだ活動を後悔したり、過剰に喜んだりする場面に遭遇します。その際子どもに伝えている言葉です。「選ぶとは、もう一つの道を選ばないことでもある」。たとえば、音楽の残り15分。リコーダーの練習をするか、他の曲の鑑賞の2択を迫られたとします。鑑賞を選んだら、鑑賞の力は伸びるかもしれない。でも、その15分で「成長したかもしれないリコー

ダーの技術」は失われたことになる。だから、どっちを選んだら得だという考えはないと伝えています。

2　なぜ選んだのか、自分に問いかける習慣をつけよう

なんとなく選んでいる場面に遭遇します。「友だちが選んでいたから」や「多くの人が選んでいたから」が選択の理由の子がいます。

そんな子に対して**「なんでそっちを選んだの？　あなたの理由を教えて」と問いかけましょう。**問いかけ続けているうちに、子どもたちなりに自分で考えて選べるよう成長していきます。

3　ラクな道は楽しそうな道なのか？

自分のコンパス（p.44）を持っていない人は「ラクな選択」をしてしまう傾向にあります。**長期的な幸せではなく、短期的な快楽を選択するのです。**

「リコーダーはやりたくないから、鑑賞でもするか」の考え方で選択している人は、もったいないと伝えます。

ラクな道（短期的な快楽）を選び続けた5年、10年先に、楽しい未来（長期的な幸せ）は実現しそうか想起させる問いかけをしましょう。

「失敗したっていいじゃないか。学校は失敗する場所なんだ」

学校という場は、先生もいるし、みんなもいます。ちょっと高い壁でも乗り越えられる環境が整っています。だから挑戦しようと声をかけています。

「自分で考えて行動を選ぼうね」とメッセージを伝える際、子どもたちに人気の鬼滅の刃の話をよくします。学級通信より抜粋します。

自分のアタマで考えよう

「先生、夏休みに絶対読んでよね！」と激しくお薦めされていた「鬼滅の刃」をようやく読みはじめ、読み切ることができました。

ストーリーもキャラクターもどれも魅力的で、皆さんが大好きだった理由がわかりました。どうもありがとう。

さて、日常から「自分のアタマで考えよう」と言っている先生にとって、最も印象的だったシーンが、胡蝶しのぶシリーズで出てくる「カナヲ」の成長です。

自分で決めることができないカナヲは、コイントスで「自分の行動」を決めていました。主人公の炭治郎から話しかけられたシーンでは「会話をするかどうか」すらコイントスで決めていました。

その後、２人には以下のようなやり取りがあります。

炭治郎　「カナヲはどうしたかった？」
カナヲ　「どうでもいいの。全部どうでもいいから、自分で決められないの」
炭治郎　「この世にどうでもいいことなんて無いと思うよ。きっと、カナヲは心の声が小さいんだろうな。指示に従うのも大切なことだけど…」。

先生が普段から君たちに伝えているメッセージが凝縮されていると思いませんか？
「ノートに書いた方がいいのか、書かなくてもいいのか」
「休みの日は家で勉強したほうがいいのか、しなくてもいいのか」
「デザートは途中で食べてもいいのか、ダメなのか」

それは先生が決めることなの？　と伝え続けてきたよね。自分の人生ですよ。やはり皆さんには、自分の意思で、自分の道を歩んでほしいと思いました。自分で考えて決める力を身につけていきましょう。

STEP 2
最初の５分で「自由進度学習」をやってみよう 漢字編

「漢字学習」に自由進度学習を取り入れてみましょう。年度当初は「一斉授業」の形式で丁寧に指導されている先生も多いと思いますが、少しずつ子どもたちに任せる時間を増やしていきましょう。私が一斉授業の時期に繰り返し指導する事項・手順は以下の通りです。

1　今週、習う漢字の指定（金曜日にテストがあることを見通す）
2　音読をする（音読み、訓読み、熟語、文例）
3　書き順チェック（指なぞり、空書き、ペアチェック）
（2・3：自由に任せると面倒で「やらない」箇所）
4　鉛筆でお手本をなぞる
5　鉛筆で残りのマスを埋めていく
6　教師にチェックをもらう
（4～6：自由に任せると「なんとなく」やってしまいがちな箇所）

４月、５月の一斉授業で「漢字の学び方」を学級で共有しましょう。

一斉授業の漢字学習にも慣れてきた頃、こんな一言を言ってみては、いかがでしょうか？

これまで「漢字学習」は先生と一緒にやっていましたが、今日からは「自分で考えて」漢字の学習をしてみましょう。国語の最初の５分は「漢字の時間」にします。
金曜日の漢字テストは変わりません。目標を決めて、目標に向かって、自分に合った漢字の学び方を見つけていきましょう。

子どもたちは「任されること」が大好きです。これまでは先生が教えてくれていた時間を自分たちで進めることができる喜びです。特に「任せた最初の時期」のやる気は凄まじく、そこを見逃さず、価値づけていきましょう。漢字の自由進度学習をスタートさせた次の日に発行した学級通信を紹介します。

自分で学ぶ　5分間の「漢字学習」

今週から漢字学習の時間を皆さんに任せてみました。国語の授業開始直後の「5分間」。あなたが自分に必要だと思う漢字学習を、自分に合ったやり方で進めていきます。

「6月から挑戦してみる？」と尋ねると、君たちは「やってみたい！」と目を輝かせて言っていたのが頼もしいと思いました。失敗したっていい。上手くいかなくたっていい。それも「勉強」なんです。

まだ始めて1週間ですが、漢字学習の時間を観察していて「いいな」と思ったことを今回の通信では紹介していきます。

◆5分間、勉強に集中する雰囲気をみんなでつくっていたこと
→「勉強に関係ない話はやめようね」「今は漢字学習の時間だよ？」…そんな声かけを先生は一言もしませんでした。これは素晴らしいことです。30人以上の教室で、みんなで「漢字の力をつける」目標に向かっていることは決して当たり前のことではありません。よいクラスになっていきそうだね。

◆読みの時間や書き順を大切にし続けていること
→「まずは見慣れること、読めること。そして正しい書き順であること。これは漢字学習の土台部分」。4月からみなさんに伝え続けてきました。自分たちで学習を進めるときも、土台を丁寧に進めている人がたくさんいました。4人の姿を紹介します。

Aさん→国語デジタル教科書のフラッシュカードを使って、何度も「読みの音読」に挑戦していました。Aさんは、まずは完璧に読めるよ

うになってからドリルに取り組んでいるそうです。

Ｂさん→ドリルパークを使って「書き順」と「キレイな字」の両方のレベルアップを目指しています。ゲーム要素を取り入れて、楽しく「書き順」を学んでいるのがいいね。

Ｃさん、Ｄさん→漢字学習のラスト１分にお互いにクイズを出し合っていました。「熟語の読み方」をクイズにしたり「書き順」を出したり、曜日ごとにテーマを変えているようです。誰かとがんばるのもいいよね。

まだ始まって１週間。漢字学習の時間に見つけた「イイね」はどんどん共有していきますね。学ぶっておもしろいね。

子どもたちに**「任せた」後の「価値づけ」が大切です**。なぜなら、子どもたちにとって最初のころは「何がいいことなのか？」がわからないからです。教師の価値づけがまったくない状態だと「黙って漢字ドリルを終わらせる時間」へと変わってしまいます。**教師の目から見て「よい学び方」だと感じた行動はどんどん言葉にしましょう。**

漢字学習の自由進度学習を運用する際の３つのポイントを共有します。

１　自分の目標を決める時間を確保する

漢字は子どもたちにとっても「できた」か「できていない」かがハッキリとわかる学習です。「金曜日は必ず漢字10問テスト」のように、目標をもちやすい仕組みにしましょう。

子どもたちが目標をもって、「毎日の５分漢字学習」に臨めるようにすると、学びに向かう目の色が変わってきます。

2　自分の現在地と「何のための学習なのか」を意識させる

漢字学習の時間、右の図を大型テレビに映しています。**子どもたちの学習を観察しながら「○○さんは、今どこの階段を登ろうとしているの？」と問いかけます。**

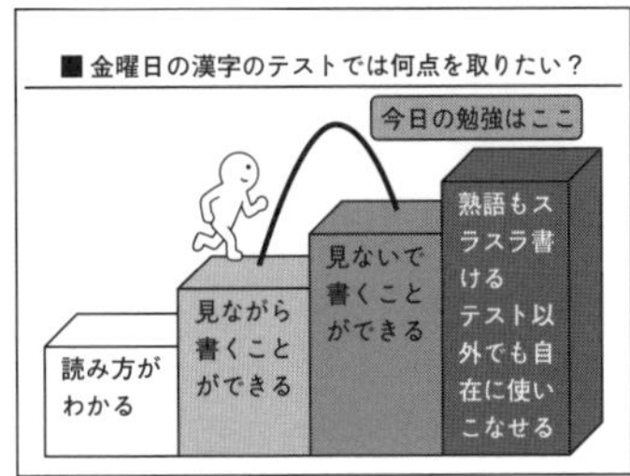

漢字を「書くこと」は目的ではありません。漢字ドリルを「埋めること」は目的ではありません。

成長の階段を登るために、必要な勉強は何かを考えて学ぶよう伝えます。

3　漢字が得意な子には、新たな挑戦を促す

漢字学習が得意な子にとっては、「金曜日の漢字 10 問テスト」だけでは、モチベーションの維持が難しいです。**「100 点が取れて当たり前」のテストでは「学ぶ喜び」は感じられにくいのです。**3 回連続で満点を取った子には、次のようなスペシャルメニューを提示します。

◆100 点満点ではなく 200 点満点に変更
→指定された漢字の外枠に「その漢字を使った別の熟語」をもう一つ書くことができたらプラス 10 点のルールを追加します。
◆ランダム問題に挑戦する
→範囲を「これまで習ったすべての漢字」とする。毎週抜き打ちテストがあるイメージです。難易度が一気に跳ね上がるので、教師の後押しがないと挑戦しにくいです。漢字が得意な子ほど、家に 70 点台のテストを持って帰りたくないのです。挑戦したことをほめたたえ、失敗しても大丈夫な雰囲気づくりと共に進めましょう。

ランダム問題に挑戦している子の「学期末の抜き打ち 50 問漢字テスト」の平均点は 95 点を超えます。いかに日常の学習が大切かわかります。

STEP 3 最初の 10 分で「自由進度学習」をやってみよう 国語編

国語は「毎日ある教科」という唯一無二の特性があります。国語の授業の最初 10 分間を「漢字と音読」の枠組みの中で子どもたちが自由に学んだ実践の紹介をします。

【国語授業の基本的な流れ】
・**「漢字と音読」の自由進度学習（10 分）**
・教科書を用いた通常授業（35 分）

１カ月半に一度、以下の「ワークシートのデータ」を子どもたちに配付します。

国語の10分間の基礎トレーニング　6月1週～7月2週

	1stage	2stage	3stage	4stage	5stage	6stage
漢字の力 テスト第1回～第6回						
熟語力・語彙力 漢字テスト「+α」						
音読の力 『すがたをかえる大豆』	友だちからの合格 □			先生からの合格 □		

「漢字と音読」の自由進度学習では、子どもたちは８種類の行動から、自分で何が必要か考えて、選択し、勉強することになります。

① 漢字のドリルに取り組む
② 漢字テストを受ける
③ 漢字再テストを受ける
④ 熟語の習得や語彙力を増やす勉強をする

漢字力レベルアップ

⑤ 音読の練習をする
⑥ 音読のテストを友だちに聞いてもらう
⑦ 音読の個別指導を教師から受ける
⑧ 音読のテストを録音する

音読力レベルアップ

6月1週〜7月2週の間に、全部で30時間の国語の授業があります。(3,4年生だと42時間、1,2年生だと54時間)

国語の最初の10分間を毎日固定してしまうのです。「それだと飽きてしまうのではないですか？」と思われるかもしれませんが、毎日取り組むと「習慣」へと変わります。大切なことは「習慣化」してしまいましょう。

なぜ漢字学習を自由進度学習に取り入れるのか？

「漢字ができない」＝「国語が苦手、嫌い」と考える子どもがたくさんいると強く感じていました。大きな原因は2つだと考えています。

1　授業中に漢字に取り組む時間が確保されていない（週1回とかではなく毎日必要）

授業中に、書き順や部首のみを確認し、「あとは各自でやっておいて方式」では、漢字の力はまったく身につきません。「家庭での勉強面のサポート」がある子だけが学びを進めていくでしょう。

漢字習得の遅れは、すべての教科の学びに影響が出ます。漢字学習は全教科の学びの土台です。毎日、じっくりと取り組む時間を確保しましょう。

2　教師発信のやり直しの蔓延

「基準点は90点。それ以外は再テストです」

「付箋を貼った箇所を直して、来週の金曜日までに再提出してください」

漢字指導の場では、よくやってしまう手法でありますが、これもほとんど効果がないと反省しています。

休み時間や家での自由時間に、**強制的に侵食してきた「やり直し」は勉強ではなく作業化します。**いかに早く終わらせるか、いかに手を抜くか。漢字の力がつく可能性は限りなく低いでしょう。

「漢字と音読」の自由進度学習では、時間の使い方は子どもたちに任せられています。漢字テストも音読テストも毎日受けてもいい仕組みを取り入れています。**何度でも挑戦できる安心感は子どもの考え方をたくましく変えていきます。**

右下の子のワークシートを見てください。この子は90点では満足せず、「自分から」再テストを希望しています（5月時点では、70点で終えていた子）。熟語追加のミッションを加えて、どの漢字テストも200点満点にすることを「楽しみながら」学んでいるのです。

「テストは何度受けてもいい」

好奇心旺盛な子ども時代に大事な価値観だと思っています。

なぜ音読学習を自由進度学習に取り入れるのか？

教員となり、子どもの姿を見て強烈に印象に残ったのは「音読力の重要性」です。

流暢に読める子とそうでない子の差があまりにも激しいのです。**漢字指導と同様「毎日の地道な鍛錬」が必要な力だと考えています。**必要な力だからこそ、「宿題音読カード」のような形で練習時間を確保してしまいがちですが、「家庭でのお任せ状態」となってしまいます。**重要だからこそ、学校にいる時間に、みんながいて、背中を押してくれる人がいて、他の誘惑が少ない「授業時間中」に取り組むべきだと考えています。**

６週間に一つ、音読課題として「教科書の長文」を提示します。基準は「スラスラ・ハキハキ・正しく」と伝えています。子どもたちは、指定した期日までに「友だちの合格」をもらい「データ上で教師に提出」する仕組みとしています。

自由進度学習にするよさは**音読の個別指導が可能な点**です。算数の基本的な学習や国語の音読などは、圧倒的に個別指導の効果が高いです。10分間、私は基本的に「音読の個別指導」をしています。音読の個別指導の隙間に、１人数秒程度で、どんどん漢字テストの丸付けをしています。音読を授業時間内に取り入れましょう。

国語の10分間の基礎トレーニング　　**6月1週～7月2週**

	1stage	2stage	3stage	4stage	5stage	6stage
漢字の力 テスト1～7	90点 再100点	100点	100点	80点 再100点		
熟語力・語彙力 テスト100点以上	150点 再200点	160点 再200 点	180点 再200点	200点		
音読の力 『すがたをかえる大豆』	友だちからの合格　□　　先生からの合格　□					

STEP 4
最後の20分で「自由進度学習」をやってみよう 算数編

算数の「問題解決」の授業では、おおむね次のような流れで展開しています。前半25分を「問題解決」の部、後半20分を「自由進度学習」の部で分けています。

1　問題把握
2　見通し、課題の把握、めあて
3　個人の自力解決
4　集団での話し合い
5　解決の仕方の理解
6　ふりかえり、まとめ
7　**自由進度学習 ← New**

1～6までを、25分で終わる授業構成とする。
（そのために）
・問題文はノートに書かない
・テンポのよい展開を心がける
・同じ流れで授業をする
・集団での話し合いは最大5分
などクラスの実態に合わせた手立てが必要

1～6までを素早く終わる工夫が必要です。「必要な教育活動なのに、短縮するのはよくない」という声もあるのですが**「生産性を高める」観点は働き方だけではなく授業の中でも必要だと考えます。**

たとえば、授業の開始直後。日付を使った「数遊び」を取り入れている学級があります。それは何のためにやっているのでしょうか？

前時の復習に全員で取り組んでいる学級があります。それは何のためにやっているのでしょうか？

教師が黒板に書いた問題文をノートに写して、全員が書き終えるまで待っている学級があります。それは何のためにやっているのでしょうか。

例に挙げた３つの活動を否定する気持ちは１％もありません。しかし**「それは何のためにやっているのか？」**自分に余裕ができたときに、自ら問いかけることは大切だと思います。

後輩に質問すると「初任者指導の先生から教えてもらった」「最初に学年を組んだ先生がやっていた」などの理由が大半です。まずは真似することからスタートを切るのは素晴らしいことです。そんな皆さんには、一度立ち止まり、自らの教育活動に「ハテナ」の問いをぶつける癖もつけてほしいと思っています。

時間は有限です。１日24時間しかないように、算数の１コマは45分しかありません。あなたは算数の時間に、何を大事にして、算数の力を伸ばしていきたいですか？

私は、子どもたちが**できるだけ多く「自分で選ぶ・自分で考える」場面をつくりたい**と考えています。だから、１〜６までの時間の生産性を高め、価値ある25分にするため日々仮説検証を繰り返しています。

１〜６までを終えた後の自由進度学習に入っていく流れは以下の通りです。

- **本日の合格スタンプ「適用問題」を出題する**
- **合格後は、自分に何が必要かを考えて過ごす（自由進度学習）**

小学３年生の算数『小数』を例に紹介します。

本日の合格スタンプ「適用問題」を出題する

授業の前半の部で「麦茶がポットに2.5リットル、やかんに1.3リットル入っています。合わせて何Ｌあるでしょうか」の問題場面をとらえ、「繰り上がりのない小数の加法の計算のしかたを理解」できるよう授業を進めました。「2.5＋1.3＝3.8」を「0.1をもとにする見方」「位ごとに分ける見方」を前半25分で学びます。最後に１問の適応問題を出します。適応問題１題を「本日の合格問題」と位置づけます。

【問題…3.2 ＋ 2.4 の式になる問題文を提示】
今日の「合格スタンプ問題」です。数が変わっても、同じように考えてできるかチャレンジしてみましょう。できた人は先生のところに持ってきてね。

合格後は、自分に何が必要かを考えて過ごす

合格スタンプが押された後は**「自由に任せるよ」と伝えています。**小学3年生に向けて、次のように話しました。

「合格スタンプ」をもらった人は､「自由にお任せ」します。
ただし、2つだけお願いがあります。
1つ目、算数の授業なので、算数のレベルアップに時間を使ってほしいです。
2つ目､学習する雰囲気づくりの協力をお願いします。
おしゃべり声や端末の大きな音は、集中力が切れてしまいます。
全員合格スタンプがもらえたら、うれしいな。では、どうぞ。

このように算数のラスト 20 分に自由進度学習を取り入れます。

学習中の子どもたちと対話を重ねると、概ね**6種類の願い**に枝分かれすることがわかってきました。

1　今日の授業がよくわからなかった。もう一度説明を聞きたい
2　数が変わっても、できるか問題を解きたい
3　次の単元の予習をしたい
4　計算スピードを速くしたい。前学年の内容を学び直したい
5　困っている人の役に立ちたい
6　探究したい

それぞれの願いをもった子どもたちが「どのような行動」へと繋げたかは以下の通りです。自治体や学校により、使えるサイトやアプリはちがうと思いますが、参考になれば幸いです。

①復習タイプ　講義型	②復習タイプ　問題型
・教師に質問する ・「イーボード」の動画 ・「ニューコース」の解説 ・「わくわく算数」の動画	・教科書の問題を解く ・「イーボード」の問題 ・「ニューコース」のドリル ・「ドリルパーク」の問題 ・「すきるまドリル」の問題
③予習タイプ	**④算数力アップタイプ**
・教科書を読む、解く ・「イーボード」の動画 ・「ニューコース」の解説 ・「わくわく算数」の動画	・ちびむすドリル 「四則計算」や「百マスドリル」 ・新ネットレの学習教室「小学算数」 ・NHK for School 番組一覧「算数」
⑤貢献タイプ	**⑥探究タイプ**
・教える、ヒントを出すなど、直接的な貢献 ・テスト問題づくり、ポスターづくりなど、発信タイプの貢献 ・Google フォームで問題づくり、オクリンクで学習カードづくり	・単元で見つけた「問い」の解決 ・Google スライドやドキュメントで探究の成果を発表 ・教科書の「探究」のページの問いをノートにまとめる

STEP 5
中盤の 35 分で「自由進度学習」をやってみよう 社会編

社会科の「調べる」学習活動では一斉授業で進めている先生は多いのではないでしょうか。私も教員生活の大半の時期を一斉授業で展開していました。しかし、あるとき「調べる時間中」に退屈そうにしている男の子がいました。「どうしたの？」と聞いてみると「他に気になることがあっても先に進めないから社会が面白くない」とズバッと言われて授業を見直し、自由進度学習を取り入れたのがきっかけです。

小学３年生『工場の仕事』での実践を例に紹介します。一斉授業での展開だと「1授業1テーマ」となり、学ぶポイントが絞られて、わかりやすい反面、前述の男の子のように「他にも知りたいことがあるのに…」と好奇心を失ってしまう場合もあると予想されます。

※本書で何度も繰り返していますが、一斉授業を否定しているわけではまったくありません。色んな手法があり、そのときの単元や子どもの様子、先生の特性によって、その手法を使い分けていいですし、選択肢は多いほうがよいということが、私の主張であることを何度でもお伝えしておきます。

一斉授業での単元展開例の想定

1	市にはどんな工場があるかな？　どのあたりに広がっているかな？
2	工場には、どのような工夫があるかな？
3	原材料は何かな？　どこから運ばれてくるのかな？
4	工場で働く人が気をつけていることは何かな？
5	お客さんとお店の人の願いには、どのような関係があるかな？

以下のような単元の形式にすると、自由進度学習の手法を取り入れることが可能になります。

<table>
<tr><td>1</td><td>「工場の仕事」 見通しをもつ時間</td></tr>
<tr><td>2</td><td rowspan="3">自由進度学習の時間
（ミニレッスン５分＋35分の自由活動＋５分のふりかえりの時間）</td></tr>
<tr><td>3</td></tr>
<tr><td>4</td></tr>
<tr><td>5</td><td>まとめの時間</td></tr>
</table>

イメージ図を表してみました。自由進度学習でも「単元の時間内」で指導事項が終えられるように、ミニレッスンやチェックポイント形式を用いて仕組みを整えていきましょう。

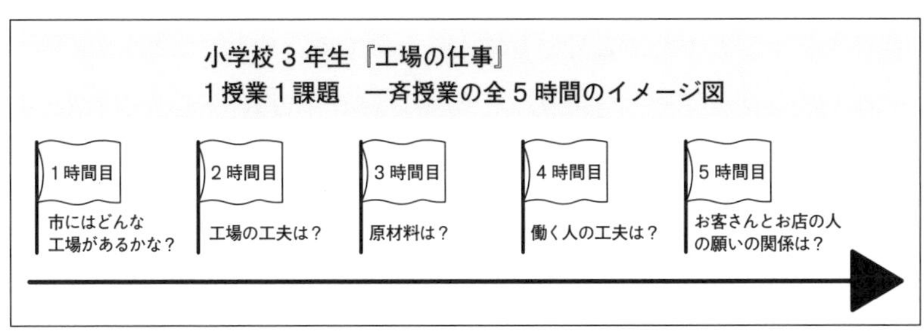

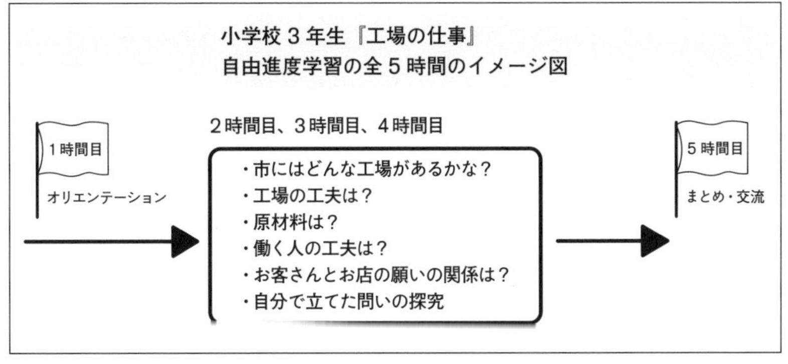

真ん中の３時間を自由進度学習として確保するだけでも、子どもたちは大喜びします。**35分×３回分＝105分間も自分の好奇心を拠り所に「調べる」活動ができるから**です。

しかし、「調べる時間を自由に確保する」だけでは、没頭した学びにはなりにくいので、次の３つのポイントを押さえて実践に取り組むことを心がけています。

1　教科書の素晴らしさ、教科書の読み方を教える

教科書や資料集は、「好奇心の種」となりうる素晴らしい素材です。しかし、すべてが丁寧に書かれすぎていて「なんで？」のハテナが生まれにくいと考えます。そのため、子どもの中にハテナが生まれるよう、教師は写真やグラフだけを提示して「問いをもたせる」ことをしますよね。その**教師の工夫を子どもたち自身にしてもらう**のです。やり方はとても簡単です。**手や筆箱などで本文を隠し、まず考える時間を自分でとる**のです。そんなこと？と思われたかもしれませんが、この一つのテクニックで教科書を読む好奇心は猛烈に刺激されます。

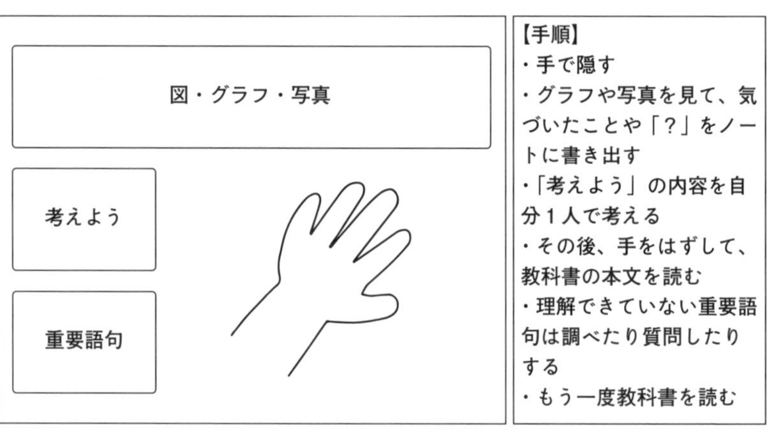

2　アウトプットを取り入れる

「文章にする」「動画をとる」「絵を描く」「図にまとめる」

手段は問いませんが、**アウトプットが出口に存在することは必須**だと感じています。アウトプットが意識されない状態で調べるのは、「ただ調べるだけ」になってしまいます。どんな形でもいいので、その子にあった、アウトプットの方式を模索し続けましょう。どんなアウトプットも気が進まなかった子がいました。ある日、ラジオパーソナリティー風のアウトプットに出合い、社会が最も大好きな教科へと変わった例もありました。

3　調べたくなる問いをもち続ける関わり

「知りたいことがいっぱいある」「一つの問いを調べているうちに次の問いが見つかった」の状態が社会科の理想の姿だと考えています。

1時間目のオリエンテーションの役割を果たす「ロングレッスン」の時間では、私はスライドショーをよく使います。**ロングレッスンの目的は、子どもが単元の全体像を見通し「問いをもち、早く自分で調べ出したい」とウズウズさせることです。**子どもたちはロングレッスンを聞きながら、スプレッドシートに、単元で調べたい「問い」を書くよう促します。小学3年生でも1時間で100個の問いを出したこともありました。

チェックポイントの役割の「必ず考えてほしい問い」が終わった人は、どんどん問いを調査することをモチベーションに調べ活動を進めました。

以下のように、スプレッドシートにて「共同編集モード」で問いを立てた人と、答える人がちがう人でもいい仕組みも好評でした。

問いを立てた人	問い（なんで？どうして？もっと知りたい！）	問いの答え
単元をつらぬく問い	札幌市の工場や食べ物の魅力は？他の市町村の人にもわかりやすく説明しよう。	アウトプットにまとめる（A4 1枚の大きさ）
チェックポイント1	工場には、どのような工夫があるのかな？	ノートorスクールタクトに書く→提出
チェックポイント2	原料はどのように運ばれてくるのかな？	ノートorスクールタクトに書く→提出
チェックポイント3	工場で働く人は、どのようなことに気を付けているのかな？	ノートorスクールタクトに書く→提出
Aさんの問い	ラーメンって、そもそも何からできてるの？	
Bさん・Cさんの問い	昨日給食で出たラーメンも、白石の工場からきてるの？	そうだって！栄養教諭の先生に聞いてきたよ！　by Yさん
7班の問い	札幌のラーメンは世界でも人気なのかな？	ドイツでも人気だった。昨日YouTubeで見た。　by　Xさん

STEP 6
単元1時間分で「自由進度学習」をやってみよう 算数編

「算数のテスト前の1時間」に自由進度学習を取り入れましょう。

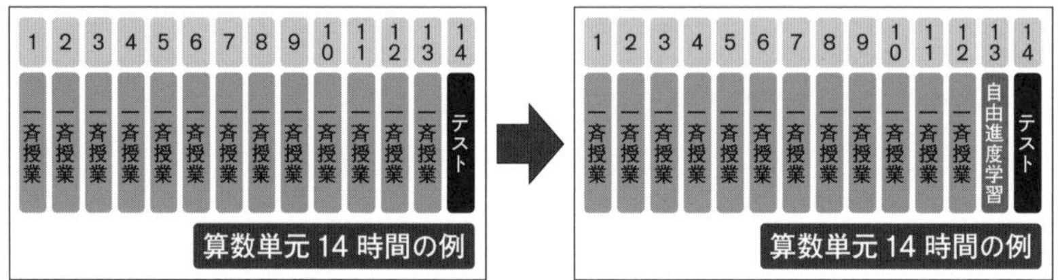

14時間目がテストの場合、13時間目には教科書の「まとめ問題」に取り組むと思います。まとめ問題の一番の目的は、この単元での「わからない」を「わかる」に変えていくことです。小学5年生単元14時間『合同と三角形、四角形』のまとめ問題の実践を例に紹介します。教科書では、「まとめ問題ページ」は以下のような構成となっています。

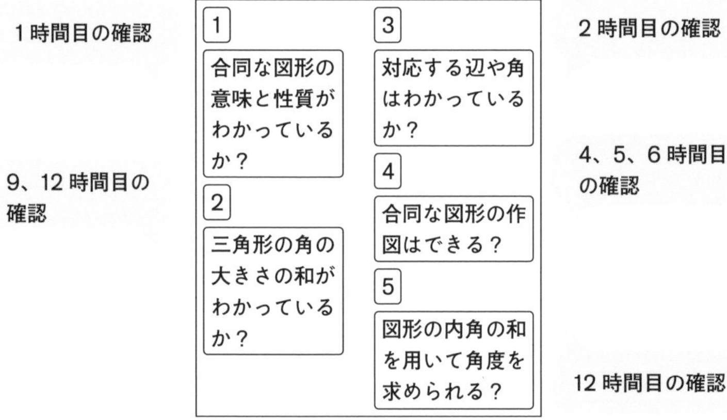

「一斉授業」の方式で、まとめ問題に取り組むと、すでにわかる段階にいる子は「こなす」だけとなってしまいます。問題を解く時間を5分に設定した場合「待つ時間」も生み出してしまいます。次の4つのステップで「算数のテスト前の1時間」に自由進度学習を入れましょう。

ステップ1　一斉授業時に、「まとめ問題のページ横」に○・△・☆のマークをつける時間をとる

一斉授業のふりかえりの時間と合わせて、「今日の授業」の自己評価として、まとめ問題の横に印をつけるよう伝えましょう。

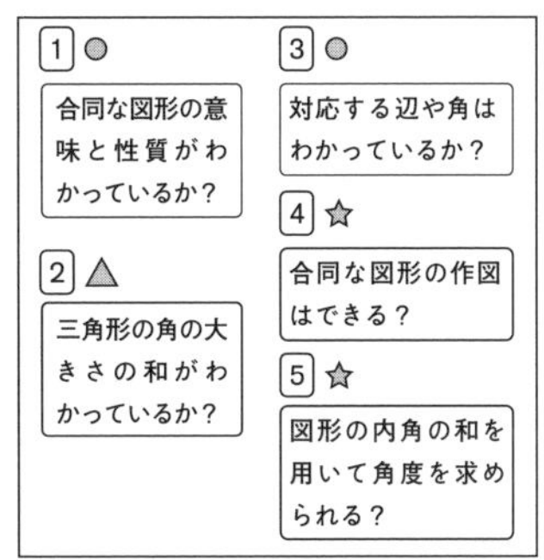

【印の意味】

○…バッチリ！わかっている。テストも大丈夫。

△…不安。テスト前に確認したほうがよさそう。

☆…テスト前の時間に最優先で取り組もう。

ステップ2　自由進度学習の初め、マークを参考にしながら学習計画を立てる時間をとる

マークをもとに学習計画を立てるよう伝えましょう。学習計画では「何点を目標にしたいか？　その目標に向けて何が必要か？」を考えるよう促しましょう。

学習のめあて（取り組むこと）（どうなりたい？）

テストの目標点　表９０点　裏５０点　ニューコースの解説イーボードの動画を見る　よくわからない問題　分かる問題の復習をしたい

「○○形の角度を調べましょう」の問題がよくわからないから復習をしたい

メタ認知

イーボードの動画を見て図形を書いてました○○形の角度を調べましょうのもんだいもなんとなく分かるようになりました

※子どもの学習計画とふりかえり

ステップ３ 「わからない」と言いやすい環境をつくる

「困っている」と表現しやすい環境づくりを怠らないことが重要です。

「困ったときは、先生や友だちに聞いてもいいからね」と繰り返し伝えても、なかなか言い出せない子がたくさんいますよね。「わからない」を「わかる」に変えていくのが目的の時間なのに「わからない」を隠してしまっては効果が薄れてしまいます。

わからない子たちが自分から「困った」を表現できる手立てを模索し、いくつも試した実践の中で特に効果を感じたのは**「学び合い」の図**（下の図参照…同じ札幌市教員の古田直之先生に学習会で教えてもらいました）を**黒板に掲示し、ネームカードを貼ってもらうこと**でした。やり方は簡単です。

・まとめ問題を解く前にネームカードを４つのカテゴリーから選んで貼る
・「考えてもわからない」ときは「教えて」のゾーンにネームカードを貼る
・「わかる」ようになったら、移動する。

取り入れた初日から、効果抜群でした。自分から声に出せない子もネームカードを貼ることは抵抗なくできます。自分から「困った」を表現しているので、周りの子も教師も「どうしたの？」「どこからが困っているの」と声をかけやすいのです。

※「学び合い」の図は様々な教科に応用が可能です。体育科、家庭科などの教科にも相性がいいです。

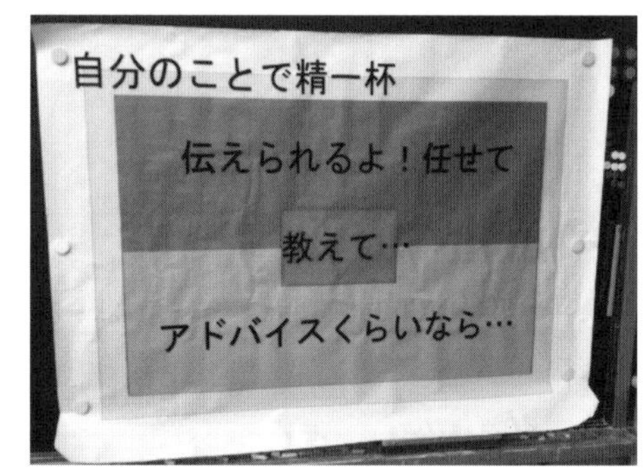

ステップ４　解答は授業の最初から解放する

まとめ問題の**解答は、授業の最初から子どもが「いつでも・何度でも」見ることができるようにしましょう。**教師用の教科書、プリントの解答を最初からに子どもに解放し、すぐに確認できるようにしています。子どもたちの端末に解答を送信する場合もあります。

子どもたちのテスト勉強への取り組み方を観察していると、様々なタイプの子がいることに気づきます。

・全部問題を解いてから、最後に答えを確認したい子
・大問を一つ解くごとに、答えを確認したい子
・少し考えてわからなかったら、答えを確認したい子
・解かなかった問題も、一応答えだけを確認したい子

「自由」を子どもたちに経験させなければ気がつけない発見でした。

そんなことしたら、答えだけ写してしまう子がいるのではないでしょうか？と質問を受けたことがありました。

しかし、この１時間の目的は「わからない」を「わかる」に変えていくことだと共有していれば、**答えを写し、できたフリをすることが、いかに目的から離れていく行動かを、自分のアタマで考えてもらえるのではないかと信じています。**

仮に、そんな行動を発見した場合は、そんな行動に追い込んでしまっている原因を、対話を通して探っていきます。

行動には、子どもなりの原因がある。原因は対話を通して、少しずつ見えてきます。

STEP 7 単元2時間分で「自由進度学習」をやってみよう 国語編

国語の「書くこと単元」は自由進度学習との相性がよいです。反対に「1授業1課題」の方式の授業だと、以下のような子が生まれていました。

・まだ題材が決まっていないのに、内容検討の話し合いに参加する
・時間がないため、構成の検討をせずに、記述をスタートさせる
・推敲、共有をすることなく、授業を終えてしまう

「子どもが見通しをもてていないこと」や「時間がかかる箇所に個人差があること」が原因だと考えます。

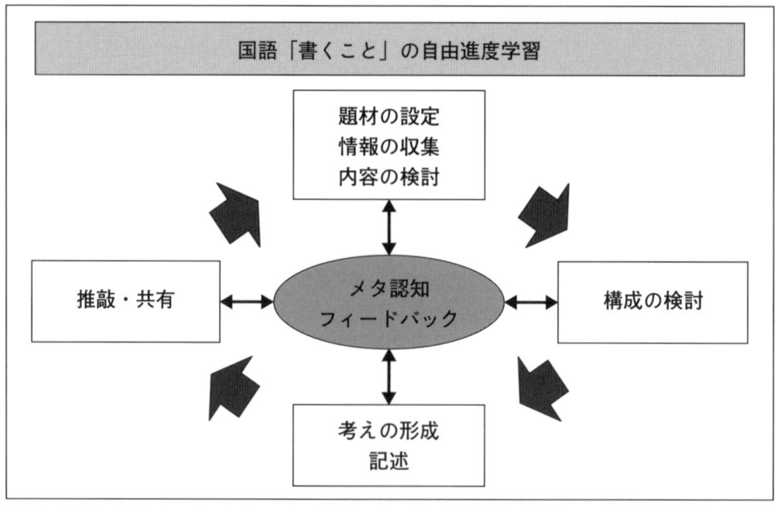

小学５年生国語『日常を十七音で』の「書くこと単元」３時間で２時間分の自由進度学習を取り入れた実践を紹介します。

１時間目　一斉授業、ロングレッスン＆２時間の見通しを伝える

「まなびポケット」のチャンネルから以下の文章を送り、２時間の自由進度学習で「何をしたらいいのか」共有します。

難波　駿

6/20 9:31

6月20日(月)と6月21日(火)の国語は「言葉をよりすぐって俳句を作ろう〜日常を十七音で〜」編です。

提出物…コメント欄に考えに考え抜いた、一番良いと思った「俳句」を1作品。投稿しましょう。(今回はおうちの人に投票してもらおうと考えています。)

評価…未提出はC　提出していればB　言葉をよりすぐり表現を工夫して俳句を書いていればA

【学習進行例】
①材料を集めよう
→生活の中で気づいたことや驚いたことなどを短い文章で書き留めよう(ノート)

②俳句を作ろう
→季語を使う。十七音で表す。
ここで終わっている人は、「いい俳句」には、なりません。③と④が大切です。

③表現を工夫しよう。
・言葉を選んでいる？　たとえを使ったり、様子を表す言葉(言葉の宝箱をチェック)を使ったりなど、色々試している？

・言葉の順番を工夫している？　入れ替えて、よりよくなるように試している？

・どの文字で書き表すか考えている？　漢字、平仮名、カタカナ…いろいろ試してみた？

④友だちと読み合おう
→作った俳句を友だちと読み合おう。工夫したことを伝えたり、俳句を読んだ感想を伝えたりしよう。

①②③④に全て取り組んだ上で、「言葉をよりすぐった俳句」を1つ、完成させてください。

2時間目と3時間目　自由進度学習

ミニレッスン（5分）
学習計画を立てる・学習活動（35分）
ふりかえり（5分）

を基本形に進めました。

自由進度学習のよいところは、**学習活動時間が十分に確保**される点です。国語の授業2時間分ですが、俳句を中心とした学習活動時間が70分も確保されています。

多い子だと2時間で俳句を13個つくった子もいました。自分でつくっては、ノートに書き出したり、以下のように、掲示板に投稿したりしながら、皆の反応も参考に、俳句づくりに没頭していました。

掲示板上だと、チャット風の短文でのやり取りになってしまう傾向にあります。ここを掘り下げるのは教師の役目だと感じています。

掲示板は「どうしていいねを押したの？」「どこが天才だと感じたの？」とかかわるきっかけとしましょう。

アウトプットの「成果物」を伴う自由進度学習の場合、その活動が子どもたちにとって「よりよくしたい」と感じられる活動であることが重要です。退屈なアウトプットを課題とした場合、人の思考は「いかに手を抜くか」「ギリギリまでやっているふりをするか」へと変わります。**「もっとこだわりたい」「活動自体が楽しい」と思える活動を設定することを心がけましょう。**

「日常を十七音で」の学習では、最後に「よりすぐりの俳句を一つ」投稿し、Google フォームで保護者に投票してもらいました。教師は、1カ所に集めたのをまとめるだけなので、所要時間としては３分もあればつくることができます。この些細な一工夫が「よりよくしたい」気持ちを生みます。

過去に取り組んだ方式（ノートに俳句を書いて、友だち同士交流し、教室の後ろに掲示する）よりも数十倍、目の輝きがちがいました。

俳句ができたら終わりではなく「もっとよい俳句ができないかな」と子どもたちが夢中になって、俳句の世界を通して言葉を学ぶ姿を見ることができました。

「表現の工夫」が感じられる俳句を３つ選んでください。 *

- [ ] 春の池 七色の鯉が 游いでる
- [ ] 冬の中 冷たい雪が 降ってきた
- [ ] 鮮やかな 夏の日差しが 眩しいな
- [ ] 夏の海 夕日に当たって 気持ち良い
- [ ] 冬の夜 満月照らす 雪だるま
- [ ] 夏至の夜 日の入り遅し 夜どこへ
- [ ] 年越しに机を囲みそばすする
- [ ] 夏祭り 昔の友と 再開だ

※ Google フォーム投票方法。
保護者はチェックをつけるだけで投票可能です。

STEP 8
単元3時間分で「自由進度学習」をやってみよう 音楽編

音楽では「音楽づくり」の授業で自由進度学習を取り入れました。音楽づくりでは、グループごとの子どもたちの特性により「進度とこだわるポイント」が変わっていきます。自由進度学習を取り入れることによって、夢中に**音楽活動に向き合う時間をじっくりと確保できる**と考えています。以下のような全8時間単元で3時間分の自由進度学習を組み込みました。

小学5年　いろいろな音色を感じ取ろう　全8時間単元

1	各パートの旋律の特徴をつかんで演奏してみよう
2	重なり合う響きの変化のおもしろさを生かして、工夫しよう
3	グループで「リボンのおどり」を発表しよう
4	鑑賞教材①
5	鑑賞教材②
6	【自由進度学習3時間】 打楽器でアンサンブル ・3人グループで自分たちのアンサンブルをつくる ・完成させ、発表し合う
7	
8	

6～8時間の自由進度学習中に表れてほしい姿をイメージし、5時間の一斉授業に臨みます。

3時間の自由進度学習中の、仕組みと教師のかかわり

・「やること」リストを配布する

チェックポイントの役割を果たす「やることリスト」をデータ配付します。

音楽　自由進度学習
✓ やることリスト
□ 3人のいろいろな楽器の響きや音の組合せを楽しむ、試す
□ 3人の楽器を決める
□ 3人のリズムを決める
□ 3人のリズムアンサンブルをつくる
□ 発表会に向け、練習する
楽しむ心、よりよくする心を忘れない

項目は極力シンプルに短文で表現しました。リスト内に「おもしろさを感じながら～」や「意図や思いをもって～」などの文言を入れてしまうと、「何に取り組んだらいいのか？」のメッセージが伝わりにくくなると考えたからです。

「やることリスト」を提示しても、なかなか学びの没頭は生まれにくく工夫が必要です。

・「具体的な姿」を子どもと考える

私は長めの自由進度学習を行う場合は「○○な力を身につけてほしいと思っている」と評価基準を伝え、具体的な姿を子どもたちと一緒に考える場面をつくっています。

次のページのような評価ルーブリックの「B基準」のみが入った表を子どもたちに見せました。評価の文言を見ながら「それはどんな姿だと思う？」「A基準やC基準はどんな姿だと思う？」と一緒に学習評価の具体を語り合いました。

※Ｂの評価基準を打ち込んだルーブリック表

	知識・技能	思考・判断・表現	主体的に学習に取り組む態度
A			
B	①様々な打楽器によるリズムの重ね方と、それらが生み出すよさやおもしろさなどとの関わりについて理解している。 ②思いや意図にあった表現をするために必要な、音楽の仕組みを用いて、音楽をつくる技能が身に付いている。	様々な打楽器によるリズムの重なりを聴き取り、それらが生み出すよさやおもしろさを感じ取りながら、聴き取ったことと感じ取ったこととの関わりについて考え、リズムを重ねながら音を音楽へと構成する活動を通して、どのようにまとまりを意識した音楽をつくるかについて思いや意図をもっている。	音の重なりや呼びかけとこたえ、変化などで構成される音楽に興味をもち、音楽活動を楽しみながら主体的・協働的に音楽づくりの学習活動に取り組もうとしている。
C			

「知識・技能」のＢ観点を見てくれる？
具体的に、『打楽器でアンサンブル』の授業で、どんな姿があれば満たしているかな？
逆に、「Ｂ観点」に満たないのは、どんな状況かな？

「思いや意図にあった表現」と書かれているので、思いや意図がないのは満たしていないと思います。たとえば、適当に音を入れているだけのアンサンブルなどはよくないと思います。

「子どもに学習評価を開示していいのか？」と議論し合うこともありますが、**私はむしろ積極的に開示していくべき**だと考えています。教師だけが「評価基準」を知っている状態で授業は進み、通知表の時期に突然「C」などと渡されては、改善が難しいでしょう。**「評価基準の具体イメージ」の話し合い**はおススメ活動の一つです。

自由進度学習を開始前、子どもたちと「評価基準」について話し合っているからこそ、「子どもたちのどんな姿に注目したらいいか」が明確になります。以下のような学級通信は授業時間内に仕上げてしまいます。

音だけで自分たちの思いを表すおもしろさ

音楽づくりの時間にインタビューしました。AさんとBさんとCさんの3人グループがこんな会話をしていました。

A「最初は静かだけど、どんどん大きくなっていくようにしたいね」
B「たしかに。朝はみんな静かで、3時間目くらいから声が大きくなってくるよね」
C「じゃあ、最初は小さな音が出る楽器がいいかな？　たとえば…」

実におもしろい会話だと感心しました。そして皆さんもお気づきですね。このグループがリズムアンサンブルで表そうとしている思いや意図は「わたしたちの教室」なんだそうです。

自分たちの思いや意図をもっている時点でまずは素晴らしいです。そして、その思いや意図を「どうやったら音の重なりを使って表現できるかな」と3人で試行錯誤を重ねながら学ぶ姿がとてもいいなと感じました。

・自由進度学習の手法を取り入れると、教師に余裕ができる
・余裕ができると、「管理」ではなく「対話」の時間を多くとれる
・「対話」から価値づけたい言葉を見逃さず、全体へ発信する
・発信すると、さらに学級全体へと広まっていく

自由進度学習の黄金サイクルです。観察から対話。対話から発信。学びに没頭する姿がクラスにじわじわと浸透していきます。

STEP 9
単元5時間分で「自由進度学習」をやってみよう 社会編

調べる活動が中心の社会科の学習では、子どもたちに進度を任せて、好奇心をもって調べられるよう支えていきましょう。小学5年生の2つの小単元にわたり、自由進度学習を取り入れた実践例を紹介します。

以下の学習進行表を配付しました。

1	国土の気候の特色　ロングレッスン	見通し・問いをもつ
2	あたたかい土地、寒い土地　ロングレッスン	見通し・問いをもつ
3 4 5 6 7	【自由進度学習】教科書 p.42 ～ p.55　寒い土地選択 p.56 ～ p.63 **【単元を貫く学習課題】** **あたたかい（寒い）土地に住む人々の工夫は何でしょうか？** **具体的証拠を示しながら、Google スライド3枚にまとめましょう。** （問いの探究）良質なインプット→ Google スライドにアウトプット ⇅ （知識の理解）知識の習得→知識の活用→理解する ※テストはいつ受けても OK。暗記にならないようにしよう。	
8	まとめを発表、学びのふりかえり	伝える・共有・いかす

主に４つの場面に分かれます。それぞれ考えたこと・葛藤したことを述べていきます。

1　ロングレッスン

「問いがもてること」「好奇心が高まること」の２点を中心に、一斉授業の形式で学びます。写真や図を拡大して見せるなどして「問い」がどんどん子どもたちから溢れ出てくるように心がけましょう。

授業を聞きながら、クラスルームに「問い」をどんどん書き出してもらうと以下の通りになります。一斉授業では、教師の話を聞きながらチャット風につぶやく「2 チャンネル方式」を採用しています。

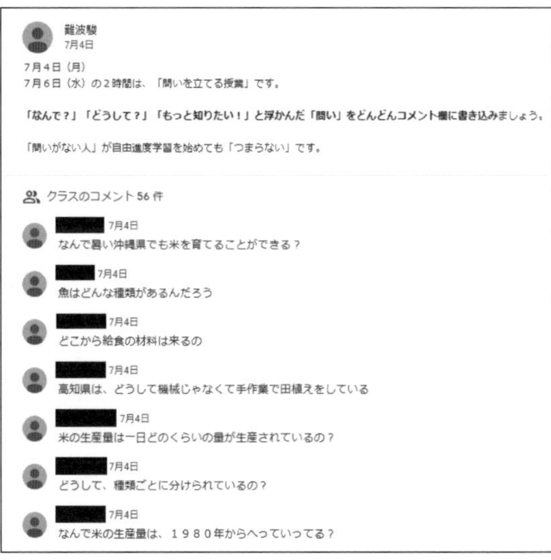

加えて、「何時間の単元なのか」「単元を貫く学習課題（ずっと考え続けてほしい問い）は何か？」「チェックポイントの課題（指導事項で必ず学ばなければいけない内容）は何か？」も確認しましょう。

【ロングレッスン時の有効なコンテンツ】

🔍YouTube「あたたたたー」　🔍ネットコンテンツ　「社会ノマド」

2　自由進度学習

子どもたちが「自らの問い」や「チェックポイントの課題」を目印に学びを進めていきます。

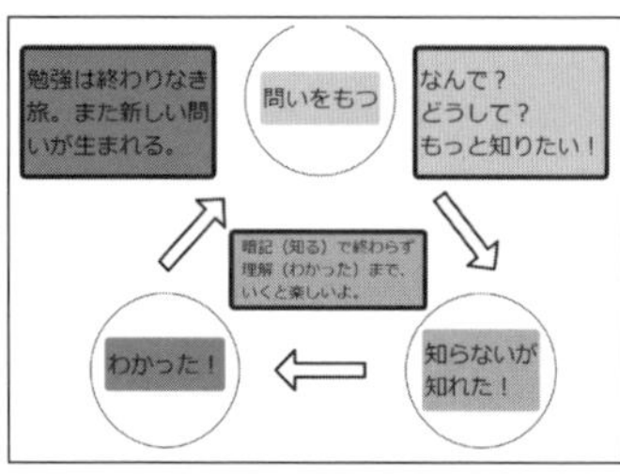

教室の大型テレビには「探究サイクルの図」を表示しています。

・「知る」で終わらない。「わかる」までいくと楽しい
・「一つわかった」で終わらない。勉強は終わりなき旅

社会科の学習の合言葉です。

かしこさマイレージ

友だちのありがとう　（貢献）◎ファンレター５通以上　○２通以上

Googleスライド　（考える力）◎主張・理由・事実１・事実２があるGoogleスライドの提出　○期限内に完成できた

社会の学習と向き合う　（知識・学びに向かう力）◎教科書を全ページ３回読んだ　○教科書を１回ずつ読んだ

役に立つ発信　（貢献）◎いいね５０以上　○２０以上

社会大好き人間　（知識・学びに向かう力）◎家庭学習でも３回取り組んだ　○家庭学習でも１回取り組んだ

知識のテスト　（知識・学びに向かう力）◎知識のテスト満点　○８５％

貢献・考える力・知識や学びに向かう力の３観点の「かしこさマイレージカード」。

教科書を１回ずつ読むと、マイレージが溜まるなど、勉強にゲーム要素を取り入れながら進めています。

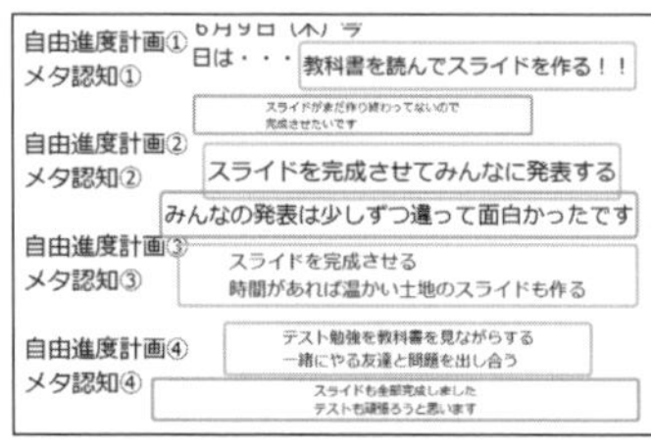

・授業の最初に、計画を立てる
・授業終わりに、ふりかえりとメタ認知を行う

ふりかえりが、また次の計画へと繋っていくのが理想だと伝えています。

掲示板を常に解放する。

学習中に見つけた有益な情報は、自分だけで独占せず、共有を勧めています。役に立った人は、いいねボタンやコメントで、ありがとうを伝えるようにかかわります。

3　単元テストを受ける

社会の単元テストは自由進度学習のときであれば、いつ受けてもいいルールにしています。希望者は再テストも受けられる仕組みです。

以前までは単元の最後に全員テストを実施していました。しかし、楽しく探究活動をしていたにもかかわらず、ラストの単元テストで結果が悪いと「自分は社会が苦手なんだ」と落ち込んでしまう子が多くいました。その様子を何とかしたいと感じ、今のスタイルに落ち着きました。

・知識が既に豊富なので前半の方にテストを受ける
・再テストを繰り返すたびに、どんどん知識を定着させていく子
・知識をアウトプットする中で覚え、ラストにテストを受ける子

教師としては、単元を終えるまでに「指導事項の内容が身についてくればいい」と捉え、よりよい単元テストの運用を模索しています。

4　まとめの発表とふりかえり

社会科の自由進度学習の重要キーワードが**「魅力的なアウトプット」**です。どんなに好奇心の高い導入をしても、出口が「全員作文用紙２枚以上にまとめる」だと、書くのが苦手な子は、意欲が激減しますよね。社会科の力を伸ばすのが目的にもかかわらず、成果物で意欲が失われてはもったいないと考えています。魅力的なアウトプットを模索し続けています。

〈魅力的な社会科のアウトプット例〉
・15 秒のショートムービーにまとめよう
・キャッチコピーと１枚の写真で伝えよう
・社会科 YouTuber になって発信しよう
・スクラッチで社会科博士をプログラムしよう

STEP 10
単元７時間分で「自由進度学習」をやってみよう 算数編

算数の単元に７時間分の自由進度学習を組み込んだ実践を紹介します。小学５年生「小数のわり算」を以下の流れで授業を進めました。

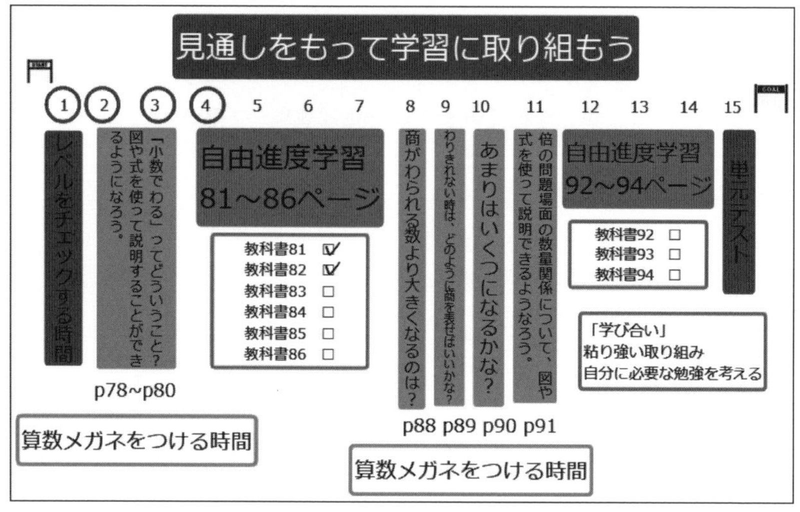

全15時間の『小数のわり算』の単元は、計算スピードをはじめ、様々な側面で「個人差」が大きいため、自由進度学習を組み込もうと計画を立てました。

算数の長めの自由進度学習の際は、主に４つの場面から単元を構成しています。

1　レベルをチェックする時間
2　算数メガネをつける時間
3　自由進度学習の時間
4　単元テストに挑戦する時間

以下より詳しくお伝えします。

1　レベルをチェックする時間

算数（数学）の学習は、これまで習った単元を「理解している前提」で進められていきます。私が高校時代、数学を挫折した理由もそれでした。単元の１時間目からわからないのです。前提が崩れているのです。

10時間以上の時数が配当されている単元の場合、最初の１時間を「復習」する時間に使ったとしても問題はないでしょう。教師は、子どもたちがどこに不安を抱え、つまずきそうなのか、じっくりと観察する時間をとりましょう。『小数のわり算』で必要とされる基礎の力を確認しました。

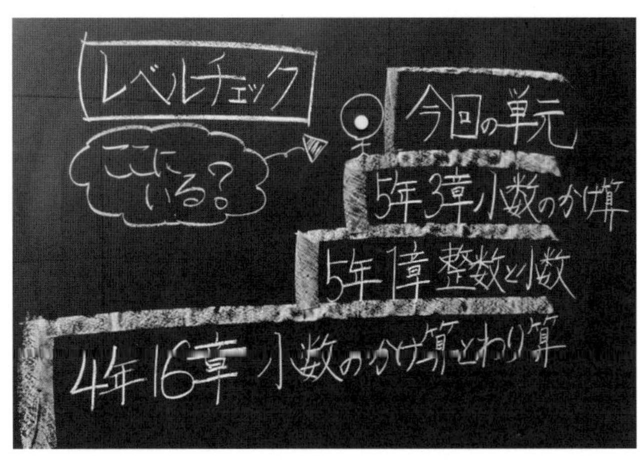

2　算数メガネをかける時間

算数の自由進度学習で大切だと考えるポイントは、子どもたちが「数学的な見方・考え方を働かせているか」どうかです。問題はスラスラ解けているけど、見方・考え方を働かせていないのであれば、算数が「わかっている」ことにはなりません。

いきなり自由に学び出す前に「見方・考え方」を学ぶ場として「算数メガネをかける時間」を設けています。

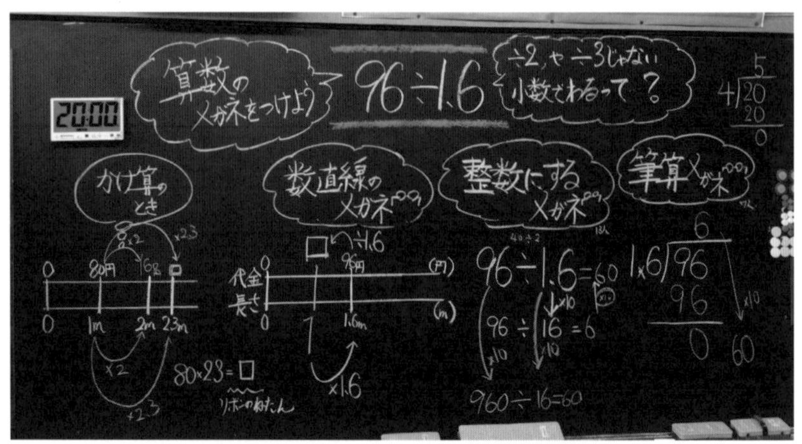

板書は３時間目。「一斉授業」で、複数の「見方・考え方」のメガネをつけて『小数のわり算』の問題にアプローチを試みました。

3　自由進度学習の時間

算数メガネを装着したら、いよいよ子どもたちが心待ちにしている自由進度学習の時間です。「やった！　今日から算数は自由進度だ！」とワクワクしながら登校する子もいました。

45分の流れは「計画を立てる→自由進度学習で学ぶ→ふりかえる」の基本形の３ステップです。学び始めた子どもたちの様子は実に多様です。

教科書の問題を解き始める子、教科書に対応したタブレットの問題を解き始める子、タブレットの動画教材でもう一度「講義」を受ける子、友だちと時間を計って自力解決後に交流し合う子。子どもって学ぶのが好きなんだなと実感する瞬間です。

教師の役割は「どんな見方・考え方をしているのか？」を考えながら、子どもたちに問いかけたり価値づけたりすることです。

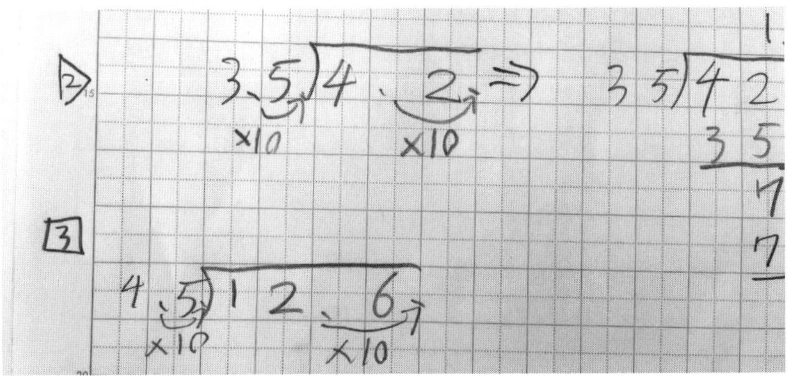

T：「おっ？　この『× 10』はどうしてつけたの？」
C：「筆算も『整数にするメガネ』でできることに気がつきました」

こんな対話を子どもたちとし続けることを心がけています。

4　単元テストに挑戦する時間

「15 時間の単元だから、遅くても 15 時間目にはテストを受けてね」と伝えています。『小数のわり算』の単元では「13 時間目に受けても、14 時間目に受けてもいいよ」としました。また、再テストを何度でも挑戦できるような仕組みにしています。先生が設定した基準点を超えられなかった「受け身の再テスト」ではなく、自ら挑戦しようと、自分で決めた「主体的な再テスト」の機会を授業時間内に確保することが大切だと感じます。

STEP 11
2教科同時進行の「自由進度学習」をやってみよう 図工と家庭編

2教科同時進行の自由進度学習を図画工作科と家庭科で実践した例を紹介します。本実践は教科担任制と併用して行いましたが、担任が一人での2教科同時進行も可能です。2つの学習活動を同時並行で進めます。

・電動糸のこぎりを使って、板をいろいろな形に切って組み合わせる学習場面（図画工作科）
・針と糸で縫うために必要な基本技能を知り練習する。また縫い方の特徴を考えて、小物を製作する場面（家庭科）

それぞれのオリエンテーションにあたる1時間目だけは一斉学習で行い、残りの10時間分を自由進度学習としました。

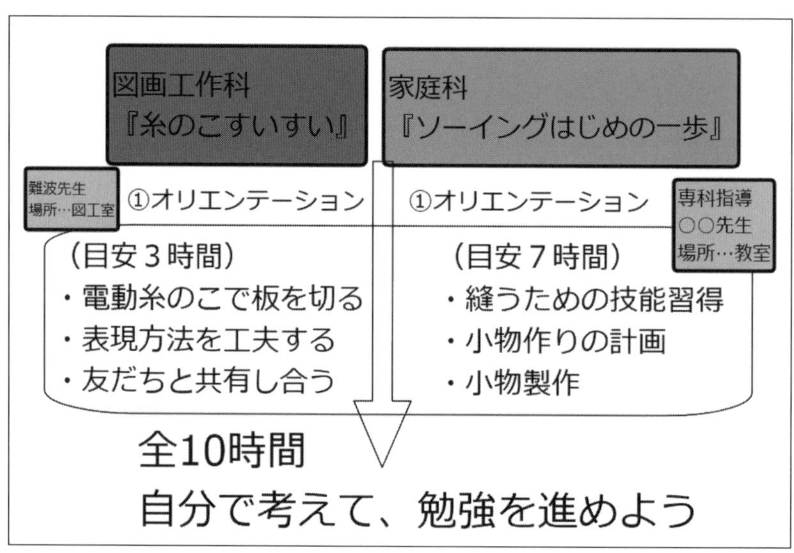

私の勤務する学校では現在、家庭科の「教科担任制」を取り入れています。本来そこは空きコマとなり、他の授業の準備をすることが多いですが、家庭科担当の先生と相談のうえ、自由進度学習を取り入れました。

「教科担任制」を併用した自由進度学習は初の試みでしたが、新たな発見があったのでよかった点を 4 つ共有します。

よかった点①　学校の「備品の数問題」が解消された

「学級の人数と備品のミスマッチ」が学校ではよく起こりますよね。図工で使用する「電動糸のこぎり」が 7 台しかない場合はどうでしょう。35 人の学級だと仮定すれば、7 人が電動糸のこぎりを使用している間、28 人の子は電動糸のこぎりを使用できないことになります。しかし、自由進度学習を取り入れると、人数にバラつきが生まれ、一人あたりの電動糸のこぎりを使う時間が増えました。

	家庭科	図画工作科
6月14日	21人	11人
6月18日	19人	12人
6月20日	24人	9人

※欠席児童有

よかった点②　大人が個別でかかわれる時間が増えた

家庭科の裁縫は、「個別のかかわり」が必要な学習だと思います。やり方を説明したり、動画で何度見たりしても「できない」学習の一つです。「知っている」と「できる」の間に大きな壁がある学習です。

合格した子を先生役として増やしていく工夫などを取り入れて、解消する場合も多いと考えます。しかし、最初から先生一人に対して子どもたちが 30 人を超えるのは、仕組みとして難しいと感じていました。

自由進度学習により、家庭科の授業を受ける子どもの人数は一気に 25 人以下へと減ります。この 10 人は本当に大きいです。また、本実践では学生ボランティアや補助の先生が来ていただける時間なども調整し、常時 7 人、8 人の子どもに対して大人が 1 人の環境が実現しました。

よかった点③　家庭学習で保護者も巻き込み家庭科が大流行した

自由進度学習が与える大きな変化の一つが**「家庭学習の意識変化」**です。

全 10時間分の見通しを子どもたちに与えると学びの自分事化が進みます。

「このままだと小物製作まで終わらない」

「今日、ボタン付けまで終わりたかったのに、終わらなかった」

「家で、もう一つ、可愛い小物をつくりたい」

この時期、家庭学習で家庭科を学ぶ子が続出しました。10 人以上が取り組んでいた日もあります。

教師側からは「間に合わなさそうなら家でやりなさい」とは言っていません。見通しを与えると、自分で判断する力がつくのだと感じました。

「昨日、友だちと遊ぶときに、一緒に裁縫やったよ」

「私のお婆ちゃん、裁縫の名人なんだ。すっごくわかりやすかった」

「お父さんも一緒に、家族で笑いながらやったよ。お母さんが先生役で」

微笑ましい声もたくさん聞きました。「自分で考える、自分で決める」教育効果は凄まじいです。自由進度学習で使ったワークシートです。

自由進度学習
家庭科×図画工作科

【全１０時間】目安…家庭科７時間、図工３時間
家庭科…縫うために必要な、基本的な技能を身に付けよう。
図工…電動糸のこぎりを使って、切ったり、組み合わせを試したりしよう。

【家庭科の９つのmission】①玉結び玉止め　②名前ぬいとり③ボタン付　④なみぬい　⑤本返しぬい　⑥半返しぬい　⑦かがりぬい　⑧小物製作計画　⑨小物製作

【図工工作の３つのmission】①板に下書きの完成　②電動糸のこぎりで板を切る、組み合わせる　③表現を工夫する

回数	日付	計画	活動記録	8後の5分のメタ認知（・良かったこと・悪かったこと・次回の見通し）
記入例	6月１１日	家庭科①②③	家庭科の②まで進んだ	ボタン付までいきたかったけど、終わらなかった。教科書を見て見通しをもっておくべきだったと思った。今日の家庭学習でお母さんに教えてもらおうかな。明日は、図工の下書きをやろうと思う。
1	6月14日	家庭科②③④	家庭科②、④をやった	ボタン付けはまだといわれたので、ボタン付けはできなかった次回できるかな。できたらいいな。
2	6月１８日	家庭科③⑤	家庭科③、⑤をやった	
3	6月20日	図工②	図工②をやった	たくさんのひとが家庭科にいったから、ずこうは人が少なかったから、よかった。だから電動のこぎりをいっぱい使えた。だけど、扱いが難しかったからがたがたになった。
4	6月22日	図工③	図工③をやった	図工も仕上げで、すごいとがってるところを電動ノコギリで切ったり、すこしとがっているところはヤスリで削ったりしました。そしてホワイトボードも貼りました。気泡はすこし入ったけど、キレイにできたと思います。
5	7月5日	家庭科②	家庭科③、⑦	家庭科もこの③、⑦でおわった。どっちも終わったから、家庭科で小物や、教えたりしようと思う。（③はボタン付け。⑦はかがり縫い）
6		家庭科教える	教えた	ボタン付けや糸通しの使い方を教えた。
7	7月15日	家庭科	家庭科小物	エメラルドグリーンのフェルトで入れ物を作った。○○先生がもってきてくらた布で巾着袋を作っている途中

よかった点④　図画工作科の学習評価が授業時間内で完結した

図画工作科の一斉授業では困っている子の対応に追われ、作品の技能・鑑賞の評価は後回しになってしまいがちでした。どうしても「完成作品」に評価が偏ってしまっていたのです。

今回の実践では、図工室に来る子どもたちは常に10人前後。少ない日だと4人程度でした。子どもたちの「活動中のつぶやき・対話」に耳をすませば、今までは届かなかった声に気づくことができました。

C1：「やっと切れた！　見て！　この切れ端、何の形に見える？」
C2：「えっと…何だろう？」
C1：「象に見えてこない？　ここが鼻でさ。」
C2：「たしかに。これとこれを合わせたら小さい象もできるよ」
T　：「切った後に、どんな形に見えるかな？とイメージを膨らませているのは素敵だね。色んな形を組み合わせようとしているのもいいな～」

子どもたちの声が聞きやすいからこそ、授業で「育てたい力につながる」行動を認めやすくなります。きっと35人で先生一人の場合は、こんな素敵なつぶやきをたくさん見逃していただろうと過去をふりかえりました。

自由進度学習を取り入れて人数が減る仕組みもよいです。子どもの声がよく聞こえるため、授業中に認められる箇所が増えていきます。

〈2教科同時進行の実践例（担任が一人の場合）〉

・理科の器具を使った実験×国語の書く単元（理科室で実施）
・国語の図書単元×社会の調べ学習（図書室で実施）
体育×理科の観察学習（グラウンドで実施）
・家庭科のミシン学習×図工の絵の具学習（家庭科室）

STEP 12
３教科組み合わせの「自由進度学習」をやってみよう 国語と社会と総合編

複数の教科、領域を組み合わせるカリキュラム・マネジメントを行うと、「時間のゆとり」が生まれます。時間のゆとりが生まれた部分に、自由進度学習を掛け合わせることで、学習活動時間を確保します。

国語、社会、総合を組み合わせ、以下の流れで学習を進めました。

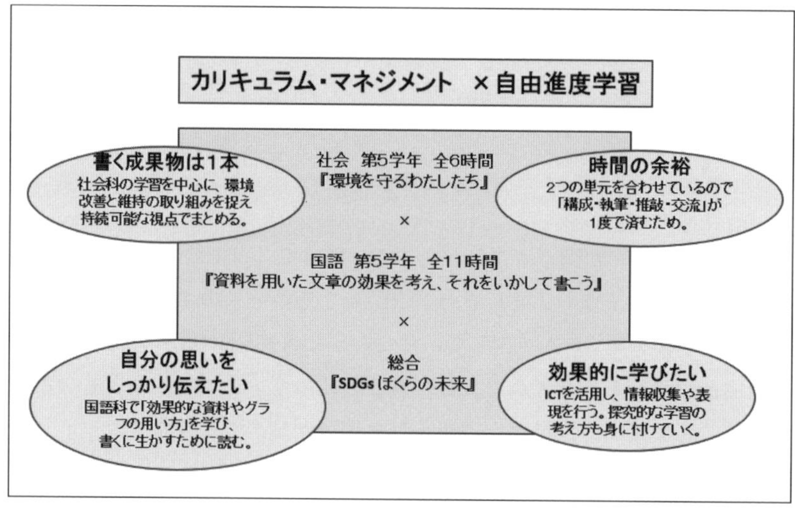

学習の中心を社会科のアウトプット「子ども環境フォーラム」に焦点化します。学年、保護者に向けて「よい発表」がしたい強い思いを掻き立てる構成にすることで、国語と総合への意欲も高まります。全 19 時間の流れは次のとおりです。

1	全時間のオリエンテーション	社会×国語×総合
2～4	つかむ・調べる・自分の発表テーマを決める	社会
5～7	国語の説明文を読む	国語【読む】
8～17	※自由進度学習 自分の発表テーマの整理・執筆・推敲・交流 効果的な図・グラフの検討 効果的な ICT 活用、探究方法の模索	 国語【書く】 国語【書く】 総合
18	交流会「子ども環境フォーラム 2022」	社会×国語
19	まとめ	社会×国語

10時間を超える自由進度学習ともなってくると、子どもたちが取り組んでいる内容も悩みもバラバラになります。35人いれば35通りの学習が存在していることになります。

「調べる×書く」を中心とした長期間の自由進度学習の際には、次の5つのポイントを意識しています。

1　子どもの「学習計画」・「学習内容」の見える化をする

学習活動がバラバラだからこそ、子どもたち一人ひとりが「今日は何の学習をするのか」すぐにわかる工夫が必要です。端末を活用し学習計画を記述し、全員の学習計画が一目で見られる仕組みとしました。大型テレビに全員の「学習計画表」を写し、最新の情報が確認できるようにしました。

2　支えるべきポイントは「子どもの学習の進捗」

長期間の自由進度学習で、私が最も意識していることの一つが**「子どもが立てた学習計画が進捗するように支援」**することです。

この考え方は、テレサ・アマビール / スティーブン・クレイマー著『マネージャーの最も大切な仕事』（英治出版）の1冊から大きく影響を受けています。本書では次のように述べられています。

3業界、7企業、26チームへの12000の日記調査から、「やりがいのある仕事が進捗するよう支援する」ことでチームやメンバーの創造性と生産性が高まることが判明。

この本を読み「進捗支援」のかかわり方を大きく見直しました。
・目標をもちながら課題に取り組んでいるか対話して探る、導く
・目標に向かうための「手段や情報」は足りているか観察する
・グループ内に有効な人間関係が生まれるような声かけをする
・個人、グループの困難をサポートし、励ます

その結果、子どもたちの学習モチベーションも大きく向上したと体感し、今でも続けています。学習を見える化し、進捗するよう支援することが重要です。

3　レベルアップし続けられる選択肢を提供する

10時間を超える自由進度学習は、課題が早く終わってしまう子が大半です。終わった後にも、さらに教科の力を伸ばし続けたくなる選択肢を提供することを心がけています。本実践は、3単元の複数教科だったので、以下のような「やり込み要素」を取り入れました。

社会…その他の市の環境を守る取り組みを調査せよ
→環境省のホームページを紹介。問いを見つけ、探究活動
国語…より効果的な資料やグラフを探究せよ
→図書館の本を「効果的な資料やグラフ」の観点で読む
総合…ICTの活用をより強化せよ
→本単元の発表形式はGoogleスライド。Googleスライドの機能を知り、よりよく伝えるために取り入れていく

NHK for schoolの動画も薦めました。本実践で提示した動画は以下の

番組。動画を見たら、自分の発表に結びつけるように促します。

社会…未来広告ジャパン第18回～20回

国語…ことばドリル第18回　ひょうたんからコトバ「書く」

総合…ど～する？地球のあした「きいてみる！森を守る！川を守る！」

総合…しまった！第6回　「表とグラフで表現する」

4 「協働したくなる」環境やルールを模索する

以下のような図を提示し、太枠の箇所は「チームタッグポイント」として、友だちと共同で行うよう指示をしました。同じ授業内で顔を合わせて取り組む子もいれば、端末上の共同編集機能を活用し、場所や時間の枠を超えて協働する子もいたのは驚きました。

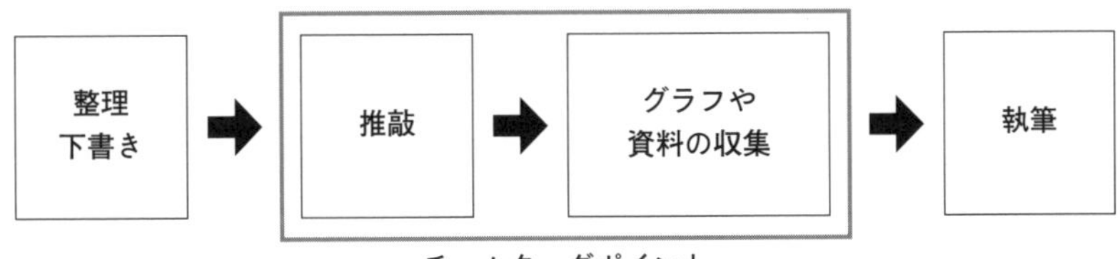

5 評価は授業時間内。指導まで即時行う

自由進度学習では、**授業時間内に「形成的評価（学習指導過程において実施する評価）」を行います。**即フィードバックを心がけています。

単元テストも丸付けをしながら対話をする。成果物も、子どもたちとリアルタイムでのやり取りを大切にしています。大半は対面でのフィードバックですが、端末内でのコメントによる助言も行います。

ノートやワークシートを単元末に一斉に集め、形成的評価をするよりも、より素早く、より効果的に評価を実施することができます。

社会	第1時	第2,3,4時	第3～7時	第8～17時		第18時	第19時	総括
知識・技能		B		C	C	B		B
思考・判断・表現		B		B	B		B	B
主体的に学習に取り組む態度	B			B	A		B	B

国語	第1時	第2,3,	第3～	第8～17時		第18時	第19時	総括
知識・技能				B	A		A	A
思考・判断・表現				B	B	B		B
主体的に学習に取り組む態度			B	B	B		A	B

COLUMN 4

道徳の授業は、子どもたちが進める
～問いを立てる→考える→対話する→ふりかえる～

道徳に「自学・自習」の手法を取り入れた実践を紹介します。「自律した学習者」を育てる可能性を秘めた手法だと感じています。

「自学・自習」は、奈須正裕先生の『個別最適な学びと協働的な学び』で紹介されていた授業スタイルです。算数の授業ですが、黒板の前に教師の姿はなく、司会役も板書役も子どもが行う。そして議論やまとめまで「子どもたちだけ」で進める姿が本書では紹介されていました。オリジナルの実践は川崎市立川崎小学校や奈良女子附属小学校などでも古くから実践されていたと記されています。

「子どもたちが進める授業…自学・自習」を複数の教科で試した結果、最も子どもたちの輝きを感じられたのが道徳科の学習でした。道徳は教科化されるにあたり「考える」「議論する」というワードが注目されていました。個人的には、正解のない道徳の学習で「議論する」視点が難しく感じていました。しかし、自学・自習を取り入れると、子どもたち同士が積極的な議論を行うようになりました。授業後にも議論し続けていたり、数カ月前の学習を急に話し出したりと「学びの自分事化」が進んだのです。

自由進度学習ではありませんが、「学びの自分事化」「議論する力」「自分たちだけで進める力」が急成長。学びの本質に迫る実践だと感じ、本コラムで共有したいと思います。

司会役の２人と、自学・自習の最終打ち合せの様子です。どうしたら学級の皆が考えたくなるか、議論したくなるのかギリギリまでアイデアを出し合います。

進め方

まずは道徳プロジェクトメンバーを募ります。国語の「話す聞く単元」の学びと繋げて、司会２名、黒板記録（時計係兼）２名の計４名を募集しました。現学級では20名以上が希望していて、１カ月以上先の道徳プロジェクトメンバーまで決定している状況です。

プロジェクトメンバー４名と、「道徳の授業づくり」をします。ねらいを考えたり発問を考えたりと、教師が一人でしている授業準備を子どもと一緒に行います。私も令和４年度から子どもと「授業づくり」に初めて取り組んだのですが物凄く楽しいです。「どうして今まで一人で授業づくりをしていたんだろう…」と悔やんでいるほどです。私よりも、子どものことは子どもが一番知っているのだと実感しています。アイデアも豊かで驚かされます。

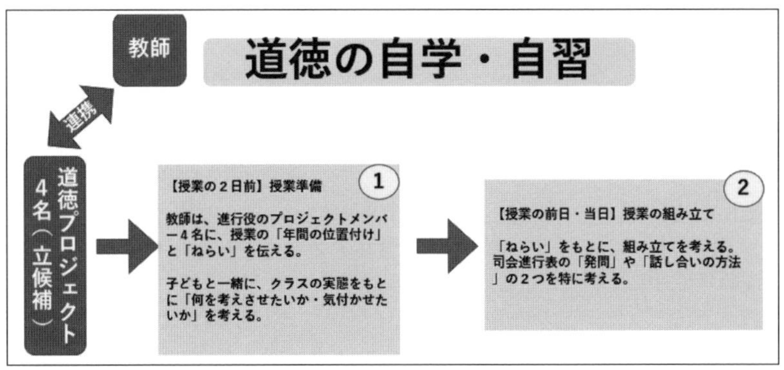

「授業づくり」を終えた後は、いよいよ**授業本番**です。人前で話すことが苦手な子も多い中、20名以上が希望している理由は「道徳授業進行表」の原版を子どもたちに手渡しているからです。

自学・自習へと子どもたちに任せていく前段階。教師はできる限り「同じ流れ」で道徳の授業を進めるように心がけました。子どもたちの中には、「先生がやっていた流れでやればいいんだな」と見通しがあるため、挑戦しやすいのです（次のページに進行表とワークシートを掲載しています）。

席の移動、ワークシート配付、Qワードの配付を終わらせておく。

問いかけ①

これから道徳の授業を始めます。今日の司会は　　と　　です。今日の黒板記録は　　と　　です。
よろしくお願いします。今日の考えるテーマは（ここに入力できます）です。
皆さんは（ここに入力できます）？（1つ目の問い）→発表形式はどうする？

みんなへの指示①　　発表形式は…（ここに入力できます）

教科書の　ページを開いてください。開けましたか？
（ここに入力できます）（考えるテーマ）について考えながら読んでいきます。

問いかけ②　　教科書を読む人は…（ここに入力できます）

教科書を読んで、感想がある人はいますか？（いれば、指名）　ここから対話の時間に入ります。
授業の問いは、（ここに入力できます）です。（問いかけ②）
「対話する前のキミの考えを書こう」のところに自分の考えを書いてください。書けた人から、手を挙げて教えてください。時間は5分です。

みんなへの指示②

今から「対話の時間」に入ります。お互いの考えを聞き合って、考えが変わったり深まったりするのを楽しみましょう。
時間は8分です。（8分後…）時間になりました。ワークシートの残りの部分を書いてください。書けた人から、手を挙げて教えてください。（指名してもOK）　最後に難波先生からです。お願いします。

道徳の授業のメインには「対話の時間」を取り入れています。プロジェクトメンバー以外の子どもたちも「自分たちの学習である自覚」をもってもらうことをねらいとしています。

対話方法・Qワードの活用・ワークシートは、NHK for school『Q～子どものための哲学』と河野哲也さんの著書『じぶんで考えじぶんで話せるこどもを育てる哲学レッスン』をもとに構成しています。

Qワードを用いた対話の様子

正解のない答えを「自分のアタマで考えよう」～かしこい人、かっこいい人になろう～

名前/

考えるテーマ

授業の問い

対話する前のキミの考えを書こう

対話した後のキミの考えを書こう/時間がある人は振り返りも書こう

【振り返りの例】
・これまでの自分は「今日のテーマ」は「できていた？」「できていなかった？」　なぜなら…
・印象に残った友だちの言葉はあった？自分と同じ？全然違った？　具体的に言うと…
・今日学んだことに「キャッチフレーズ」をつけるなら？

なんで？
ほかの考えは？
反対は？
もし～だったら？
そもそも？
たとえば？
立場をかえたら？
くらべると？
どういうこと？
本当に？
どんな？

道徳で使用しているワークシート

CHAPTER 5
「自由進度学習」で「勉強の見方」に変化を起こす
――自由進度学習を多様な視点から考える

あなたが
できると思えばできるし
できないと思えばできない
どちらにしても
あなたが思ったことは正しい

ヘンリー・フォード（アメリカの実業家）

勉強は苦役でもなければ、我慢でもない

学校での勉強を「つまらないもの」「嫌なもの」と感じながら取り組んでいる子どもはたくさんいます。ベネッセ教育総合研究所の2017年の報告によると、小学生の段階では2割～3割、中・高校生の段階では5割～6割の人が「勉強をまったく好きではない」もしくは「あまり好きではない」と答えています。

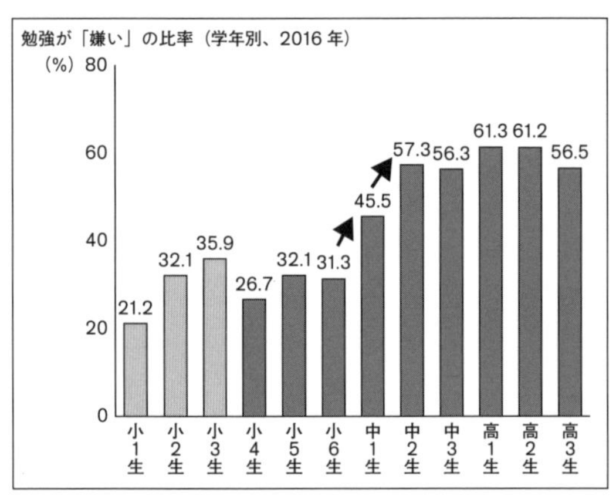

子どもたちの「勉強は苦役であり、我慢する」考え方に変化を与えない限り、継続した自由進度学習の取り組みは難しいでしょう。出逢ってすぐの4月。次のようなやり取りをして、子どもの心に訴えかけていきます。当時のやり取りを学級通信にしたものを紹介します。

先生　「正直に教えてほしい。勉強にマイナスなイメージがある人はいますか？」
皆さんに問いかけました。16人が手を挙げました。
先生　「もしよかったら、理由まで教えてほしいな」
9人の子が教えてくれました。
・「やりなさい」と言われるのがうるさい
・テストの点数が悪いから
・点数が低いと怒られるから
・おもしろくないから
・勉強しないとゲームをさせてもらえないから
正直に語る子どもたち。1年間の授業づくりの参考にしていこうと決意。
最後にもう一つ質問をしました。
「自分の人生にとって、勉強が大事だと思っている人はいますか？」
この質問には、全員の手が挙がりました。
なるほど、皆さんは「自分の人生にとって勉強は大事だけど、マイナスなイメージがある」人が多いことがわかりました。でもさ、そのイメージが「マイナス→プラス」に変わっていくと、授業がもっと楽しみになると思いませんか。

学級通信にする理由は「保護者」と共有するためでもあります。教師も含めた大人がよかれと思ってとった行動や日々の言葉の蓄積が**「勉強＝作業、退屈、マイナス、我慢」**そんなイメージを植えつけるのかもしれないという「問い」を共有しています。

勉強の本質は「自分の人生のレベルアップ」だと信じています。

・「できない→できる」にレベルアップすると心からうれしいよね
・「わからない→わかる」にレベルアップすると小さな自信が生まれるね
・「知らない→知る」にレベルアップすると世の中の見え方が変わるよね

ワクワクした目で、勉強の魅力を語り続ける大人でありたいものです。

「自由進度学習」が実現したビジョンを語ろう

ビジョンとは「目指す理想の姿」いわば「未来理想図」です。私の場合、35分を超える自由進度学習のスタートは6月頃です。しかし、4月の段階から、自由進度学習で学級の全員が夢中になって学んでいる未来理想図を語っています。

たとえば、4月の下旬。「5分の漢字学習の自由進度学習」が少しずつ浸透してきたと感じたころには、次のように語ります。

> 君たちは、とても素晴らしいよね。最初のころは不安だって言っていた「5分の漢字学習」をこんなにも集中して取り組んでいる。
>
> 5分間、ずっと扇風機の音が聞こえていたよね。そのくらい君たちが「静か」に取り組んでいた証拠。
>
> タイマーがなったとき「えっ？　終わり？」ってAさんやBさんがつぶやいていたよね。そのくらい君たちが**「時間も気にせず夢中になって」**取り組んでいた証拠。
>
> 先生は、この「勉強に夢中になる時間」が少しずつ長くなっていくのが理想だと思っているんだ。今は5分だけど、未来の6年2組は「10分だって夢中に学べるよ」って自信をもって言えるクラスであってほしいと思っている。
>
> 学校の「1時間の授業」って何分か知っているよね？　そう、45分。卒業するころには、「45分間、夢中になって勉強した！」って人がたくさんいる授業を先生は目指したいと思っているよ。

小学生でも、言葉の熱量をしっかりと感じ取ってくれます。ビジョンにつながる「よい行動」は、教師からどんどん発信していきましょう。

・先生がやることを指示しなくても、自分で学ぶことができた
・40人全員が「学ぶ雰囲気」を、自分たちでつくり出すことができた
・10分間、先生がいない場所でも、自分たちで学ぶことができた

子どもたちは好奇心の塊です。5分できたら10分に挑戦したいし、1時間できたら2時間に挑戦したいものです。

これらの日々を積み重ねた先に、3時間の自由進度学習や2教科同時進行の自由進度学習が実現可能となります。

教師はビジョンを語りましょう。ビジョンを語ると、これまで見逃していた「よい行動」が見えてきます。

※私が掲げるビジョンのキーワードは「学ぶって楽しい」と「自律した学習者」です。子どもにも日々伝え続けています。言葉にしないと伝わりません。

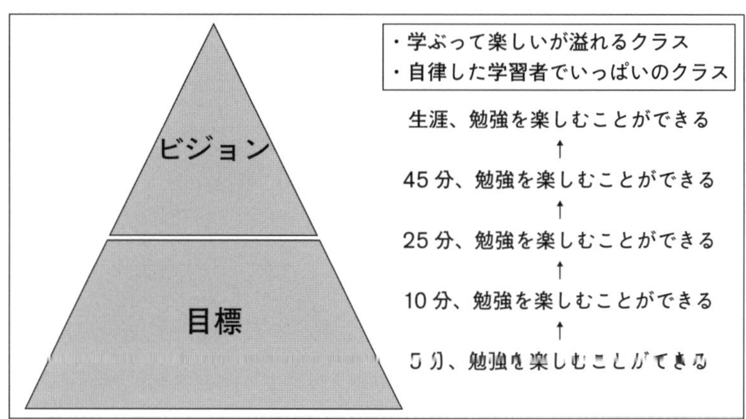

思わず強制しちゃっている自分に気づく

「教える」ことは思い通りにいかずイライラしてしまう行為です。

「おしえる」の語源は「愛（を）しむ」であり、幼子をいつくしむ情感がこめられた江戸時代の日常語。「をし」というのは「愛する」こと。そこから「大切なものを人に分け与える」という意味が生まれ、知識や知恵などを人と分かち合うことを「をし」→「教える」となった。

語源を知りハッとしました。**教育で生まれるイライラの原因は「大切なものを受け取ってもらえない」悲しみや憤り**なのだと思いました。大切な人に受け取ってもらえないのだから尚更です。しかし、教育業界で10年以上勤めていると、少しずつ気がついてきます。大人がよかれと思ってやっていても、子どもは求めていない場面が山ほどあることに。

本人にその気がないのに、周囲の人が気を揉んだり強制したりしても無駄であることを表す中国のことわざがあります。

「馬を水辺につれていけても水を飲ませることはできない」

まずは「今、無理やりやらせようとしていたな…」と**強制しちゃっている自分に気づくこと**が大切です。気づいた後の行動例を３つ紹介します。

行動の例 1:　価値を伝える

「水を飲むのはよいこと」だと価値を感じることが大切です。その水が

「いかに素晴らしいのか」「水を飲んだらどんなよいことがあるのか」を伝え続けていきましょう。

声のかけ方の例

「漢字ができるようになると、どんなよいことがあるかな？」

「漢字を読めると、たくさんの面白い本に出逢えるよ」

行動の例 2:　環境を工夫する

極寒の中で、冷たい水を飲みたいとは思いませんよね。勉強を「やってみたくなる」環境にする工夫を整えましょう。

声のかけ方の例

「勉強をする場所って大事だよ。先生は高校生の頃は、一人の場所でするのが集中できたし、大学生のころは、自習室といって周りの人もがんばっている場所が集中できたよ。みんなはどこが集中できそうかな？」

行動の例 3:　教師も学び続ける

「自ら行動を起こし、水を飲むのは難しい」と共感できる大人でありたいと思っています。そのためには**教師自身が「現役の学習者」であることが大事**です。1日5分でもいいので、何かを学んでみましょう。現在進行形の「学習者」であると、子どもの見え方が変わってきます。

小学3年生の子が「昨日は18時まで習い事があったので、あまり勉強できませんでした」と言ってノート3ページ分の家庭学習を提出した日は驚きました。前日、資格試験が近づいているにもかかわらず「今日は疲れているから明日からやろう」と勉強を断念していた私は、この子を心から「学習者」としてリスペクトしていました。

声のかけ方の例

「先生も資格試験の勉強をしたよ。みんなノートを見てくれる？」

※総務省の平成28年社会生活基本調査によると、社会人の平均勉強時間は6分で、90％以上の勉強時間は「0分」だと報告する調査もあります。

子どもは「よくなりたい」と思っている

「子どもを管理する」考えは学校現場には根強く存在します。十分な安全が確保されたうえでも厳しい管理体制が敷かれる理由は**「管理しないと勉強をサボる」考えが根源にある**と感じています。

しかし、本当にそうでしょうか？　子どもは、いや人間は「管理をしないと勉強をサボる」のでしょうか。

「管理化→習慣化」に解決の糸口があると考えます。管理されずとも自ら続いているのが習慣ですよね。『7つの習慣』の著書の中でスティーブン・コビーさんは、習慣を次の図のように定義しています。

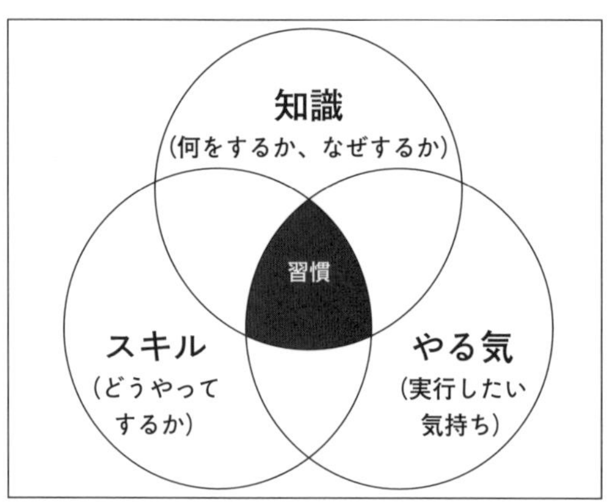

人生において効果的な**習慣を身につけるには、3つすべてが必要**であると述べています。つまり「管理して、勉強させよう」とする考えの前提には「子どもには勉強の“やる気”の円は存在しない。だからサボれないように管理しながら、知識やスキルを教え込もうとしています。

しかし、結果として日本人の大半は、学校を卒業すると「勉強時間が0分」になっています（総務省統計局2016年調査）。

管理には成功したが、**学びの習慣化に失敗**しているといえるでしょう。

前提を疑ってみませんか。そもそも、子どもたちは「やる気がない」のだろうか。管理しすぎているから、やる気が失われている可能性もあるのではないだろうか。

たとえば、学校で過ごしていると「明らかに学びから逸脱している子」を目の当たりにすることは日常茶飯事です。「授業中に廊下でおしゃべりしている子どもに遭遇する」「皆と同じ学習活動に参加せずに、友だちと遊んでいる」などは全国の学校で見られる行為でしょう。

これらの「学びからの逸脱」を発見した場合、全体の管理を強めるのではなく、「3つの言葉」を個別に語りかけるように心がけています。

1　どうしたの？
2　このあとどうしたいの？　どうなりたいの？
3　先生にできることは何かある？

まずは「どうしたの？」と話を聞きます。そして「君はどうしたいの？どうなりたいの？」と問いかける。私の経験上、「よくなりたい」と思っている子が大半です。「やる気」はあるけど、「知識」と「スキル」がないから、学びから外れてしまっているのかもしれません。

私たち教員にできることは**「何をするか、なぜするか？」の知識を伝えること。そして「どうやってするか」のスキルが身につくよう支えること**だと感じています。知識を伝えるには、私たち教師に知識が必要です。子どもにスキルを授けるには、私たち教師にもスキルが必要です。子どもは勉強が大事なのはわかっているし、よくなりたいと思っているのです。

※「3つの言葉かけ」は『自律する子の育て方』（工藤勇一・青砥瑞人著、SBクリエイティブ）の中で紹介されています。

こんな姿を具体的に ほめていこう、広めていこう

自由進度学習中、教師は「子どもの観察」「子どもとの対話」をする時間が増えます。「教科の指導事項に到達できるための声かけ」に加えて**「自律した学習者に向かうための声かけ」**を意識しましょう。子どもが無意識でしている行動を、教師の「言語化と価値づけ」で後押しするのです。私は以下のような子どもを見かけた際、即価値づけするように心がけています。

自由進度学習の学習計画を立て終わった子

→見通しバッチリだね。前回の改善点を生かした学習計画になっているね。

自由進度学習に取り組み始めた子

→素晴らしい。自分で始められたね。勉強は最初の１歩が一番大変なんだ。

自由進度学習の学習場所を前回と変えている子

→今日は壁に机をつけてやるの？　どうしてこの席でやろうと思ったの？そっか、前回は友だちとやって、あまり勉強が進まなかったのか。だから、今日は一人でやろうって挑戦をしているんだね。素敵だな。自分をよくしていきたいから新しいことにも挑戦できるんだよね。応援しているよ。

前回はおしゃべりを注意されたが今回は懸命に取り組んでいる子

→（グループに向けて）とても集中しているね。君たちの勉強に向かう姿はカッコイイね。先生が近づいてきたの、全然気づいてなかったもん

ね。勉強に夢中になれる人は、どんどんかしこくなるよ。一緒にいても、学び合える関係の友だちは大事にするんだよ。一緒にいたらがんばれる友だちは一生の宝物だよ。

学習からの逸脱を自分から修正した子

→ちょっといい？　今、先生見ていたんだけど、自分から修正して「学び」に戻っていったよね。すごいな。それは先生もわかるけど、すごく難しいことなんだよ。自分をコントロールできる力がどんどん身についているね。

家庭学習を日常あまり出さないが、出してきた子

→えっ！　どうしたの？　家で自分から勉強したんだね。さすが○○さんだね。大きな１歩を踏み出したね。

先生にわからない箇所を質問してきた子

→質問ができる人はね、どんどん「かしこく」なるよ。意外かもしれないけど、先生に質問する人ってとても少ないんだ。どんどん聞いてね。

行動分析の世界には「60 秒間ルール」という原則があります。人は、ある行動をしてから 60 秒以内にほめられるとその行動を繰り返すようになるというものです。自由進度学習中、子どもたちを観察し、望ましい行動を 60 秒以内に価値づけていきましょう。後からではなく、すぐです。「価値づけの反射神経」を磨いていきましょう。

COLUMN 5

朝の３分ペアトーク
～対話の基礎を習慣で鍛える～

私の学級では、現在「朝の会」と名のついた活動は取り組んでいません。代わりに、朝の学活を告げるチャイムと同時に「３分ペアトーク」をしています。ペアトークは自由進度学習と共に2017年から取り組み続けています。私にとっては学級経営の根幹を支えている教育活動の柱です。

自由進度学習は学習活動の大半が子どもたちの判断に任されています。**「自分から人の話を聴く活動」**を子どもが一切取り入れなければ、教師との対話を除いて、すべての活動が「個の活動」となってしまいます。もちろん「個で没頭する」経験も重要なのですが、**「人との対話」にも「学びの宝」が隠れていることを実感してほしい**と考えています。

対話をするためには「話を聴く力」を日々鍛えていかなければならないと感じ、スタートしたのが「ペアトーク」です。「聴く力」は自然には身につきません。

取り入れた頃は１週間に１回でしたが、子どもたちの「話の聴き方」の意識・能力が大きく変わっていくのを目の当たりにし、毎朝取り組むようになりました。**取り組み方は簡単です。**次のような流れで進めています。

８時 15 分	子ども登校。教師は教室で子どもたちを迎える
８時 16 分 ～ ８時 24 分	朝の準備と並行して、家庭学習の確認。一人ひとりの子どもと学びの価値づけや対話を行う。雑談もしつつ、朝の健康観察も合わせて実施する
８時 25 分	10 分間の朝読書開始。残り 10 人ほど家庭学習チェックと健康観察
８時 35 分	朝の学活を告げるチャイムと同時にペアトークの場所へ移動
８時 35 分	今日のペアと「１日の学習の見通し」を確認しあう 質問がある人はウロウロしている教師に話しかける
８時 38 分	朝の３分ペアトークの開始
８時 41 分	「話を聴く力」のメタ認知タイム
８時 42 分	１日の授業準備、１時間目の授業準備
８時 45 分	１時間目開始

健康観察と家庭学習の確認

私が勤める学校では８時 25 分から朝読書が始まります。その前までに「家庭学習チェック」「健康観察」を終えている状況をつくっています。家庭学習を忘れている子は、健康観察のみ行っています。

見通しタイムと質問タイム

「1日の学習の見通し」は必要な活動だと考えているので、友だち同士で確認し合う時間をとります。個人的にはこの時間は好きでじっくりとっています。以下のような会話が日々生まれています。

C 「1時間目は国語だね。俳句づくりの続きだったね」
C 「私、昨日、3つつくったよ」
C 「すごい！　私また一つしかできてないの。今日もがんばりたいな」
C 「2時間目は、算数だ。あれ？　テストいつだっけ？」
C 「テストは来週の月曜日だって先生言ってたよ」
C 「えっ！？　あっ、先生！　算数のテストって来週の月曜日ですか？」
T 「(近づく…) そうだね。がんばろうね」
C 「ほらね！」

ペアトーク

ペアトークのお題は、教師から提示することが多いです。始めのころは「好きな教科は？」とか「リンゴとバナナどっちが好き？」などの話題からスタートしています。ルールは「3分間、対話し続けること」とシンプルなルールです。トーク内容は何でも構いません。学習活動と関連させることも多いです。
(例) 昨日の委員会活動では、どんな活動をした？
(例) 大造じいさんはどんな人物だと思う？

ペアトークの一番の目的は「話を聴く文化」を地道に積み上げていくことに尽きます。「話を聴く力」はなんとなく過ごしていては絶対につきません。だから、毎朝取り入れて「レベルアップを意識し続ける」ことが必要なのです。大事なことは毎日します。

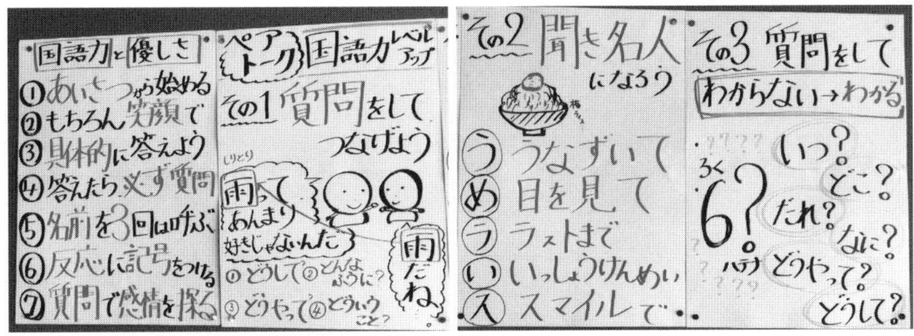

※教室掲示は「話を聴く」に特化した内容ばかり掲示しています。

ペアトークを取り入れる際に有効なコンテンツ

■NHKforSchool「お伝と伝じろう」

特に第２回「しっかり聞く」第４回「会話のキャッチボール」の放送がおススメです。学級全員で見た後、ペアトークに取り組んでみましょう。

■NHK for School「えるえる」

特に第４回「はなしがながいね」第９回「きいてるよ」の放送がおススメです。小学１～２年生向けですが、小学６年生にも大きな影響を与えてくれる番組です。

■NHK for School「でこぼこポン」

「初めて会う人と話しやすくなる発明品」「話をうまく聞く発明品」の放送がおススメです。学級には「人と話すこと」が苦手な子もいます。でこぼこポンを見て、ちょっとずつ、無理することなく、進めていこうと伝えています。

■NHK for School「できた」

第４回「はなしのききかた」の放送をおススメします。

■「きいてはなして・はなしてきいてトーキングゲーム」

ペアトークのお題設定に、頻繁に使用しています。元筑波大学附属大塚特別支援学校の安部博志さんが考えた、勝ち負けのないゲームです。ゲームのキャッチコピーは「人の話を黙って聴くこと、ルールはそれだけです」

CHAPTER 6

「自由進度学習」で広がる、令和の教育の可能性
——自由進度学習を多用な視点から考える

私の言語の限界が
私の世界の限界だ

ウィトゲンシュタイン（哲学者）

新学習指導要領と「自由進度学習」

新学習指導要領では３つの柱（知識及び技能、思考力・判断力・表現力等、学びに向かう力、人間性等）が最重要の目標であると示されました。

目標達成の鍵となってくるのは、「主体的・対話的で深い学び」でしょう。ほかの誰かに強制されることなく、相互にかかわり合いながら、自らの意志や判断で学習を進める子どもを育てていきたいと考えています。

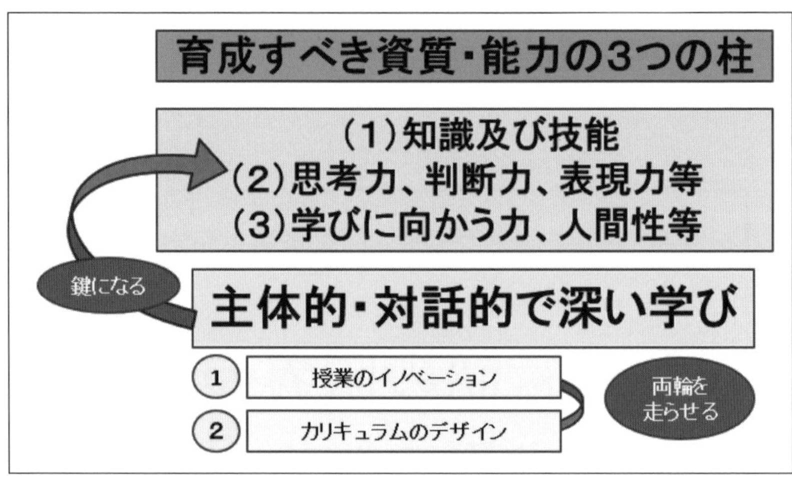

「主体的・対話的で深い学び」を実現させていくため、國學院大學教授の田村学さんは①アクティブ・ラーニングの視点による授業改善（授業のイノベーション）②カリキュラム・マネジメントの充実（カリキュラムのデザイン）の両輪を走らせることによって、確かな形で実現させていくことになると述べています。

田村学さんは、「主体的な学び」について次のように述べています。

主体的な学びというのは、「自分で自分の学びがコントロールできること」だと考えるべきではないか。前向きであること、前のめり、もちろん大事なんだけれども、自分で自分の学びがコントロールできる、つまりそれは、「自分の課題を、自分の力を運用し解決するとともに、その成果物を自分のものにしていく」ということだと思います。

「主体的・対話的で深い学び」の始まりは「主体的な学び」です。主体的がない学びであれば、対話的であっても、深まることはないとのメッセージだと受け取っています。

しかし、小学校教員は毎日６時間授業、年間に1000時間を大きく超える授業があります。**全ての授業に「前向き・前のめり」を生むのは、正直持続可能ではない**と現場にいながら感じます。ただ**「自分で自分の学びをコントロールする場面」を多くの授業で取り入れていくのは難しくない**と考えています。

自由進度学習は、自分で自分の学びをコントロールする場面がたくさんあります。

・もう一度、前の学習から学び直そうかな

・ちがうタイプの問題を繰り返そうかな

・もっと先に進もうかな

自分の学びのコントロールを実感するには、自由進度学習が始めやすいと考えます。「進度」をきっかけに、自分の学びをコントロールする心地よさを味わった子どもは「方法」「手段」「場所」「学び方」にも、必ず目を向けるでしょう。

自由進度学習は、新学習指導要領の鍵となる「主体的な学び」を生むための、始まりの１歩です。

個別最適な学びと「自由進度学習」

個別最適な学びの実現には自由進度学習が有効な授業手法といえるでしょう。令和３年１月 26 日の「令和の日本型学校教育」の構築を目指しての「答申」では次のように述べられています。

「指導の個別化」と「学習の個性化」を教師視点から整理した概念が「個に応じた指導」であり、この「個に応じた指導」を学習者視点から整理した概念が「個別最適な学び」である。

指導の個別化 …子ども一人一人の特性や学習進度、学習到達度に応じ、指導方法・教材や学習時間等の柔軟な提供・設定を行うこと

学習の個性化 …幼児期からの様々な場を通じての体験活動から得た子供の興味・関心・キャリア形成の方向性等に応じ…（中略）教師が子供一人一人に応じた学習活動や学習課題に取り組む機会を提供することで、子供自身の学習が最適となるよう調整する

授業の中でどのように実現可能なのかを探っていきます。たとえば、小学５年生国語「グラフや表を用いて自分の考えが伝わるように書き表す」単元を紹介します。第４章でも述べたように国語科の「書くこと単元」は、子どもの特性によって「進度」と「能力」が大きく変わってきます。単元の前半部分で、向かうべき方向性を定めた後は自由進度学習の手法を取り入れ、子どもたちに合わせた「指導の個別化」を行うことができました。右上の図のように一人ひとりに合わせたかかわりを行いました。

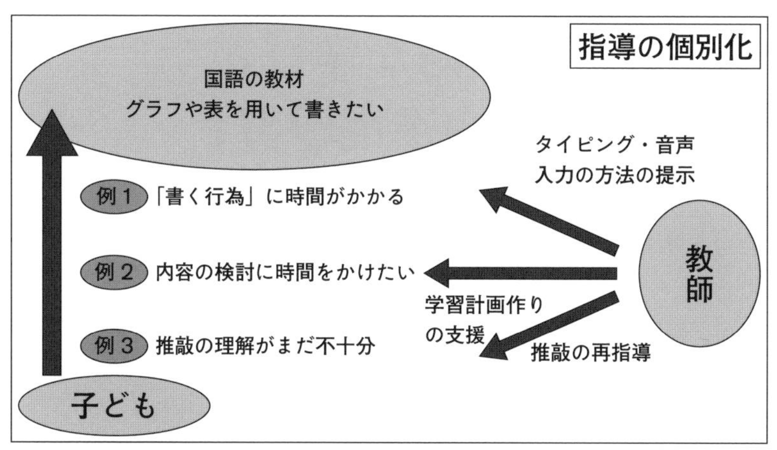

表現方法を「紙に鉛筆」or「タブレットにタイピング」から選択できるようにしました。「字を書くのが遅い、汚い」など、この単元で伸ばすべき力とは関係ない要素でマイナスの感情が生まれるのを防ぐことができます。タイピングが苦手な子には、音声入力で作成するよう提案しました。

「学習の個性化」は、レポートや報告文などの「思考を働かせた成果物」を中心に実現しやすいと考えています。以下のようにテーマや手法を一人ひとりが最適になるよう支えました。

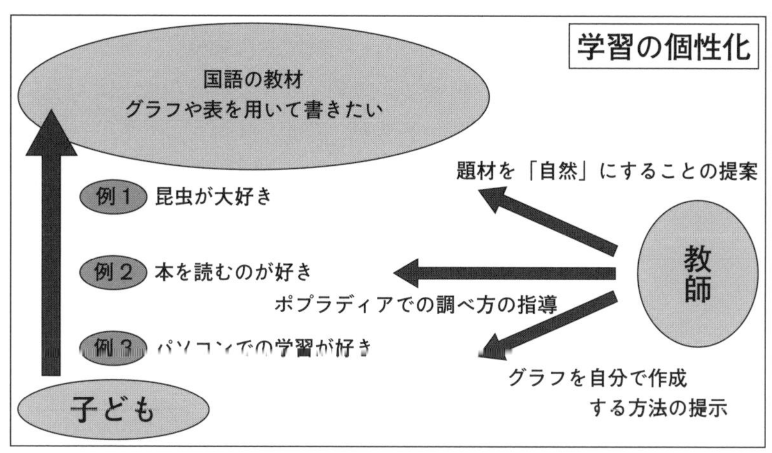

協働的な学びと「自由進度学習」

自由進度学習で協働的な学びを生むには「意図的な仕組み化」が必要になります。

正解が明確にあり、友だち同士が「教え教えられる」の構図になりやすいものは相性が悪いでしょう。協働的な学びに必要な要素は次の３つだと考えています。

1　正解がなく創造性を発揮する学び
2　同じミッションに向かって力を合わせることができる学び
3　役割が複数存在する学び

一人一台端末もかけ合わせて、個別最適な学びと協働的な学びの一体的な充実を自由進度学習にて実現していきたいと考えています。

最も手応えを感じた「体育×音楽」の実践を紹介します。体育の「グループのなわとびでのパフォーマンス」を撮影した動画に、音楽の「音楽づくりでつくった曲」をかけ合わせる授業に取り組みました。子どもたちの姿を見て、協働的な学びのヒントを得た気がしました。１グループ５人で取り組んだのですが、**それぞれの個性が生かされながらも、「よい発表物をつくりたい」との同じ目標をもって、学んでいる様子**が見られました。

※ある５人グループの役割のイメージ図です。

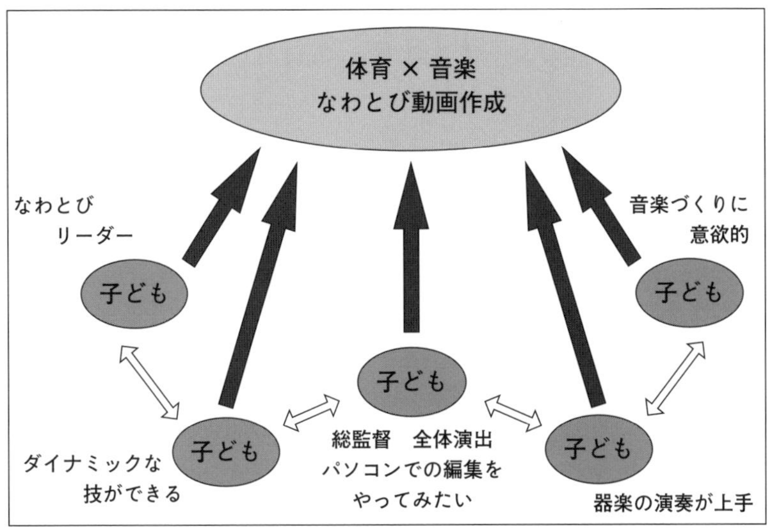

全５時間の自由進度学習で「1分間のなわとびパフォーマンス」に「自作の打楽器アンサンブルの曲をつける」という成果物を創り上げる課題。体育が得意な子や意欲的な子、音楽が得意な子や意欲的な子が一つになって進めていました。体育と音楽の観点のみならず、カメラワークや動画編集、テロップのつけ方にこだわる子もいて、**それぞれの強みが生かされた学習**となりました。

過去の話、５人グループで「なわとび８の字跳び、1分間で何回跳べるか？」との課題をグループに課したのですが、よくない学習だったと当時の子どもたちの表情を思い浮かべます。「体育の１技能」のみに特化した「グループパフォーマンス」では、苦手な子はもっとマイナスのイメージを植えつけてしまうのは当たり前ですよね。

「５人が力を合わせたら、１人では絶対完成できなかったものができた」

そんな協働的に学んだ体験を自由進度学習の手法も活用し、実現していきたいと考えています。

幸せと「自由進度学習」

子どもたちの人生に願うことは何ですか？

子どもたちに「幸せ」であってほしい。多くの方が共感してくださると思います。私にも2人の我が子がいます。300人を超える教え子がいます。願い事が一つしかできないとしたら「幸せな人生を歩んでほしい」と願うでしょう。

学校という場所は「チャレンジする場所・成長する場所」という側面もありますが、「幸せになる場所」との見方もあっていいと思います。子どもたちは1日の活動時間の半分近くは学校で過ごすわけです。**「学校にいること」が幸せであるのは、よいことですよね。**

では、幸せの正体とは何でしょうか。

個人的にも興味があり、多数の「幸せ」に関する書籍を読みました。その中で、最も理解しやすく、子どもたちも伝わりやすい話が「幸せの4つの因子」の話です。慶應義塾大学で幸福学を研究する前野隆司さんによると、**幸せな状態になるには、4つの因子を伸ばすといい**と研究・主張されています。

1　やってみよう因子

伝え方の例　「やってみよう」と夢や目標に向かって、努力を続けられる人は、行動を起こさない人よりも「幸せ」になれるそうです。

2　なんとかなる因子

伝え方の例　「やってみよう」と挑戦するためには、「なんとかなる」とポジティブに捉えることが大切です。必要以上に失敗を恐れず行動に踏み出そう。

3　ありのまま因子

伝え方の例　自分と他人を必要以上に比較しない。自分の学びに集中しましょう。何にワクワクする？　どんな活動なら苦じゃないかな？　自分の内面に耳を傾けて「ありのまま」を大切に学んでいきましょう。

4　ありがとう因子

伝え方の例　社会のなかで生きている人間は、まわりの人とのつながりの中で幸せを感じます。多様なつながりや、他人に貢献したい気持ちが強い人ほど幸せを味わえると研究結果が出ています。他者とのつながりをつくるうえで欠かせないのが「ありがとう」の言葉です。どんどん口にしよう。

自由進度学習は、幸せの因子を満たしやすい「仕組み」だと感じます。

子どもたちが**「やってみよう」**と学習を計画することから学びがスタートします。評価の観点を多様化したり、テストの実施時期をズラしたりすることで、自分と他者を必要以上に比較することがなくなります。**「ありのまま」**に自分のワクワクを追究することができます。

「なんとかなる」と**「ありがとう」**の観点は、教師の丁寧なかかわりや対話で、幸せを満たしていく必要があるでしょう。

「なんとかなる因子」「ありがとう因子」に訴えかけるおススメの関わり

なんとかなる因子…NHK for School でこぼこポン！「予定変更とうまく付き合う発明品」をみんなで観る

ありがとう因子…1分間「感謝していること」をたくさん書き出させる

「失敗するのがこわい」と感じていた子が急に「なんとかなる」と思うのは難しいです。「感謝なんて恥ずかしくて伝えられない」と思ってきた子が「ありがとう」とすぐに口にするのも難しいでしょう。

様々な切り口で、1年をかけてゆっくりと伝え続けていきましょう。

科学的根拠と「自由進度学習」

自由進度学習を後押しする科学的根拠を３つ紹介します。

1　心理学者バンデュラが、小学生の算数の学習において、**自分で目標を立てた子どもは実際に成績が伸びるが、大人から与えられた目標だけで勉強した子どもは成績が伸びない**ことを示している。

→自由進度学習は、自分で目標を設定し、学習計画を立てることが始まりです。成績の向上が期待できると考えます。

2　コロンビア大学による2016年の研究。研究者は被験者にスペイン語の単語を覚えるように指示し、その際に問題の難易度を「難しい」「なんとか解けそう」「簡単」の３パターンに分けました。そのうえで、さらに**勉強中の集中力レベルを計測したところ、結果は「なんとか解けそう」な単語を学んだグループがトップ。**「難しい」単語を学んだグループが２番手で、集中力がもっとも下がったのは「簡単」な単語を学んだグループだった。

→全員で同じ問題を解くことは少なく、自分の「理解度」に合わせて進度を決めるため、集中力が高い状態で授業に臨みやすい。

3　「社会的比較理論」の提唱者、フェスティンガーは、**人が他人と自分を比較してしまうのは、本能、あるいは無意識の反応である**と述べている。ほとんどの人は、他人と自分を比較する心理的な癖をもっていて「他人と自分を比較して落ち込んでしまう」心理は、ほとんどの人に存在するもの。

→自由進度学習を取り入れると「テストのタイミングをバラバラにする」「表現方法を選択制にする」などの工夫が容易にできます。つまり「比べる要素」を従来よりも明らかに減少できるのです。比べる要素を減らし、他人ではなく、自分自身に問いかける習慣をつけると、授業中にポジティブな心理が多く生まれると考えます。

6年間、自由進度学習で学ぶ子どもたちを目の当たりしている私としては3つの研究結果に心から共感できます。当然、子どもは一人ひとりちがいますし、「科学的根拠に妄信するのはよくない」との声もあるでしょう。しかし、**研究結果に耳を傾ける気持ちは大切だと考えています。それは「よりよい人生を送ってほしいと願った」先人の声を聴くこと**だと思うのです。

個人差があるのは当然のことでしょう。大人から決められた方が、成績が伸びる子もいるし、簡単な単語を学ぶ方が集中できる子もいるでしょう。

しかし、科学的根拠は「その方向性で歩み出すのがよさそうだ」と思うきっかけになる。試してみるきっかけになる。要するに行動の第1歩目となることに価値があるのだと思います。

自由進度学習は、研究結果からも十分「試す価値」のある授業手法です。試してみて、合わなければ、改善したり、やめたりすればいいだけですよね。

自由進度学習に限らず、新しい言葉や新しいかかわりの手法が出るたびに「そんなのはダメだ」「目的からズレている」と批判だけを繰り返し、自分の授業を何十年も変えないことに不安はないのでしょうか。

時代は大きく変わりました。子どもたちの生活、取り巻く環境、特性、感じ方も大きく変わりました。

私が子どものころは、スマートフォンはありませんでした。だから、YouTube や TikTok に何時間も熱中する子は存在しなかったのです。オンラインゲームはありませんでした。だから、夜遅くまで、お互いの家にいながら、友だちと会話しながらゲームをする子は存在しなかったのです。

時代は変わり、子どもは変わりました。同じ手法で立ち向かえるはずがないと私は思います。**教師が変わらなきゃいけないのです。**

GIGAと「自由進度学習」

教員人生で起こった最も大きな変化の一つは「GIGAスクール構想」でしょう。GIGAとは「Global and Innovation Gateway for All」の略語で**「誰一人取り残すことなく子どもたち一人ひとりに個別最適化され、創造性を育む教育ICT環境の実現」**を目指す政策であるとされています。

「GIGAスクール構想」を現場で推し進めていくことは、想像以上に難しいです。「授業中に隠れてゲームをするかもしれない…」「チャットを隠れて送ってトラブルになるかもしれない…」。気持ちは痛いほどよくわかります。私も当然「こわい」と思う感情もあります。しかし、歴史をふりかえると「テクノロジー（便利）は止まらない」のです。

車だって現代も残っています。包丁だって残っていますよね。「一人一台端末」も同じだと思います。「こわい」側面もある。ですが、現代の子どもたちが生きていく時代には、切っても切り離せない「便利な道具」なのです。その「道具」の使い方を、失敗も経験しながら、共に学んでいく必要があるのではないでしょうか。**考え方のアップデート**を強く望みます。

否定的な方は「暇つぶし」や「娯楽」のコンテンツに子どもが流されることを恐れていると思います。**「一人一台端末」が「学び」「情報」「ハウツー」のヒントをくれる、勉強道具**との考え方を広めていくことが大切です。OECDが2018年に行った調査では「ICTは学びの道具」の考え方は全く浸透していませんでした。右上の図の通りです（OECDのデータベースをもとに国立教育研究所が作成）。

2018年時点で日本は、コンピュータを使って宿題をする割合は3％（OECD平均22％）。一方で、ゲームで遊ぶは47.7%（OECD平均26.7％）。

データからも、これまではデジタル機器は「娯楽」「暇つぶし」の道具

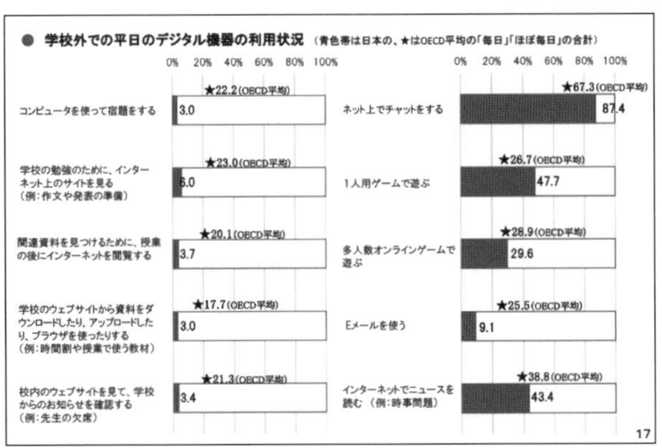

だったことがわかります。月日は流れ 2023 年になりました。デジタル機器は「学びの道具」と子どもの考え方は変わってきているでしょうか。まずは私たち大人が考え方を変えていくことが始めの１歩でしょう。

自分に必要なタイミングで、いつでも、どこでも、すぐに使える「情報端末」を手にした子どもたち。自由進度学習で、情報端末を任せる範囲を増やしましょう。次の３ステップで任せていきましょう。

ステップ１ 「何をするか」から任せましょう。はじめの１歩のおススメは、「何の動画を観るか決めていい」が始めやすいです。

ステップ２ 「どういう表現方法にするか」を任せましょう。「まとめ活動は文書でも、スライドでも、ショートムービーでもいいよ」と最適となるよう支えましょう。

ステップ３ 「使う時間」「使う場所」を任せましょう。学校ごとにルールもあると思いますが、せっかく渡された「便利で素晴らしい道具」を、失敗も受け入れる「覚悟」と共に子どもに任せていきましょう。

理想は子どもたちが「いつでも、どこでも、すぐに使いたいと思ったときに、文房具のように情報端末を使う姿」です。そのための１歩を踏み出しましょう。

COLUMN 6

おススメ動画コンテンツ15選
～想いは同じ。たくさんの大人で、子どもを育てる～

授業中だけでなく、コロナ禍には給食時間も毎日動画コンテンツ観せていました。これまで300本以上の「動画コンテンツ」を子どもたちと観てきた中から、特におススメしたい動画を厳選してお伝えします。

NHK for School 番組編

国語

『お伝と伝じろう』

学びの基本は、人の話を「聞く」こと「伝える」ことです。国語の「話す聞く単元」だけではなく、すべての学習に繋がる番組です。

『ことばドリル』

「読む・書く単元」に効果的です。作文指導、日記指導にも使えます。子どもたちは「面倒田やめる先生」のコーナーが大好きです。笑っちゃうけど、無意識にやっちゃっているよね…って話によくなります。「面倒だ」と感じた自分と向き合う力が必須な時代だと思います。

算数

『マテマティカ2』

算数の「考え方」や「道筋体験」を楽しみながら学ぶことができます。マティマティカ2を通して、問題を解ければOKではなく、算数的な考えの面白さを体感してほしいと考えています。

理科

『考えるカラス』

学級通信の題名は、ここ数年はずっと「自分のアタマで考えよう」としています。理科の学びを切り口に、「自分で考えるとは？」の大切さを教えてくれる番組です。

『カガクノミカタ』

問いを見つける力を育てる番組です。自由進度学習では、多くの子に時間的余裕が生まれます。教師が発展学習を用意することもありますが、「自分で問いを見つけ探究を楽しむ子」が出てくることが理想です。そんな子が出てくる期待も込めて、『カガクノミカタ』を観せています。

総合

『Q ～子どものための哲学』

カガクノミカタ同様「問い」に関する番組です。哲学なので、自分に向けて問答を繰り返し、自分の中にある答えを見つける力を育みます。

『テキシコー』

コンピュータを使わずにプログラミング的思考を育むことがコンセプトの番組です。番組を見終わった後、学級に「効率化」の考え方が広まりました。アニメーションも可愛く、番組構成も子どもたちを惹きつけます。

『ツクランカー』

「みんなの役に立つものを作ろう」を合言葉に、ものづくりを通じて問題解決能力を育む番組です。「教科を超えて学びを生かす」や「人の役に立つのがうれしい」など勉強の面白さに気づいてほしいと願い観せています。

『しまった！』

「しまった」と失敗を入口に、情報活用の基本スキルを学べる番組です。「調べ学習」や「一人一台」と相性のよい自由進度学習の「情報スキルの土台」を築きます。

英語

『キソ英語を学んでみたら世界とつながった』

小学校で習う英語で、世界各国の家族や子どもたちと繋がる番組です。学校での日々の英語授業が、世界とのコミュニケーションのきっかけとなるのだと感じることができます。多文化に触れる入り口としてもよいです。

特別支援

『でこぼこポン！』

発達にでこぼこがある子にとって、よくありがちなシチュエーションや、そのサポート方法を描いた番組です。特別支援のジャンルですが、学級全員で（担任の先生も含めて）観てほしい番組の一つです。人間誰しもが、「でこ」もあれば「ぼこ」もあるものです。

Youtube 編

算数

『とある男が授業をしてみた』

教育 YouTuber の葉一さんが 2000 本以上の Youtube 授業と専用プリント

を無料公開しています。子どもたちからも「わかりやすい」と人気があります。

理科

『いばスタ小学校』

茨城県教育委員会により、作成されている動画です。

特に理科は実験の様子も見ることができ、授業を欠席した子などにも紹介しています。

英語

『ココメロン』

アニメーションと覚えやすいメロディーで、英語に親しむことができるチャンネルです。

図工

『図工人』

図画工作に関連した情報が数多く発信されています。

教師の立場として授業準備の際に、何度も見せてもらっている素晴らしいコンテンツです。

「知識の伝達」の仕事は必ずしも担任である必要はありません。「コンテンツ制作者」の方とも仲よくさせてもらっているのですが、皆さん本当に素敵な方ばかりです。「子どもに○○な力をつけたい！　考えるきっかけをつくりたい」と熱意をもってコンテンツ制作に取り組まれています。**想いは同じなんです。**

「動画制作者」にできることがあれば、できないことがあります。「担任の先生」にできることがあれば、できないことがあります。

すべてを、担任の先生が「やらねばならない」と強い負担を感じる必要はありません。インターネット上にいる、**心強い同志の力も借りながら、子どもたちを育てていきたい**と思っています。

CHAPTER 7

「自由進度学習」はやってみたいけど心配なこと

――自由進度学習へ1歩踏み出すあなたへ

私が遠くを見ることが
できたのは
巨人の肩に
乗っていたからです

アイザック・ニュートン（哲学者・物理学者）

「自由進度学習」を始める前に よくある質問７選①

質問

自由にすると手を抜いたり、サボったりしないのですか？

答え

もちろんあります。人間です。よい行動に注目しましょう。

最も多い質問です。自由進度学習を始めるにあたり、先生方が最も心配しているのだと推測します。しかし、そもそも「一斉授業」でサボりはまったく起こっていないのでしょうか？　そんなことありませんよね。

・ノートの端っこに落書きをする子
・窓の外を眺めて、雲の形を観察している子
・先生が黒板を書いている隙に手紙を交換する子

これらも先生から見れば、授業進行の妨げをしていないだけで、「サボって」はいますよね。**「自由進度学習」を取り入れる＝サボりが増えることには繋がらない**と考えています。

私なりの「なぜサボりが生まれるのか？」の結論は、「暇」が原因だと思っています。夢中になれる教材と環境をつくり、自律した学習者の考え方が浸透することが本質的な解決だと信じています。

そのためにできる特効薬なんてものは存在しなくて、日々観察して、対話をして、一人ずつ自律への道を歩み出すサポートを、地道にするしかありません。地道な行動の中でもおススメは「**よいと考える行動に注目し、子どもにインタビューをすること」**です。

自由進度学習中の教師は記者へと変身します。**教師は子どもに近づいて**

インタビューできる。何度も何度も対話できる。これは自由進度学習の大きな強みです。私は以下のような通信を、毎週のように発行しています。これは授業中に対話を繰り返すからこそ書ける通信です。教師は子どもの「イイね発見記者」となることをおススメします。

難波記者の「イイね発見」通信

学びに夢中になっている皆さん。なかなか「周りの人がどんな様子なの？」って姿が見えないと思うので、「社会の自由進度学習」の「先生がいいな」と思った光景をお伝えします（いつも言いますが、名前が出てこない＝ダメということではありません）。

■**A さんと B さん　ものすごい集中力で教科書を読んでいて「イイね！」**

A さん「今から 15 分のタイマーをかけるから、お互いに教科書を読んで、大事だと思う箇所に線を引いておこう」

B さん「OK。15 分後に交流しよう」と言い、教科書を読み始めていました。一度だけではなく二度目も読んでいる姿がいいなと思いました。

■**C さん、D さん、E さん、F さん　読む場所を分担していたの「イイね！」**

4 人で教科書の範囲を 4 等分し、教科書を読み込んでいました。お互いが担当したページの要点を伝え、聞いている人はノートに自分の考えをまとめていました。質問し合ったり感想を述べ合っていたりして、まさに 4 人の学校という雰囲気でしたよ。

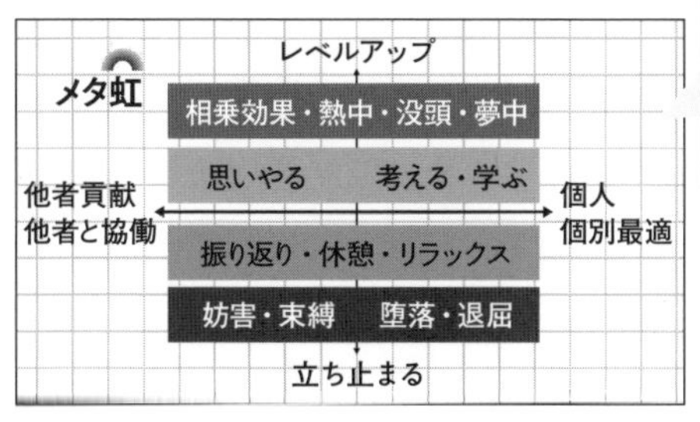

子どもたちが自己調整するためのツールも使用しています。サボっても自ら戻れる子になってほしいです。

※葛原祥太先生の「心マトリクス」と茂木健一郎先生の「最高の選択」の考えをもとに、子どもとかかわっています。

「自由進度学習」を始める前に よくある質問７選②

質問

子どもが学んでほしい箇所を学んでいないときはどうしますか？

答え

どうして、ちがう場所を学んでいるのかインタビューしてみましょう。心配な場合は「チェックポイント制」や「ミニレッスン」を活用しましょう。しかし、周り道こそ、学びの楽しさでもありますよ。

教師の指定範囲から明らかに脱線した箇所を学んでいたり、おしゃべりしたりしている場面には当然遭遇します。そんなときこそ対話をするきっかけとしましょう。励ましたり、具体的に指示をしたりして**学んでほしい箇所に戻れるよう**かかわりましょう。

「学んでほしい場所から脱線する（してしまう）」理由は、主に２つあります。どのように対応しているかも述べていきます。

理由１　前提知識が乏しい、学習への意欲が低い

→「やり方」がわからないで困っている場合が多いです。**具体的に行動を指示**しましょう。また、モチベーションが高まるよう、授業で得られる力の重要性を語るよう心がけています。自由進度学習中は、「個別対話」が中心となります。そのため一斉授業よりも学びから脱線している行動や発言があったとしても、**丁寧に余裕をもってかかわる**ことができる点も魅力です。「どうしたの？」と笑顔で声をかけることを意識しましょう。

理由２　好奇心が原因となり、引っ張られてしまった
→好奇心がきっかけとなり脱線している場合もあります。

小学３年生の社会科で「北海道の札幌市」の街探索を Google Earth を用いて調べる時間でした。ある子が、九州地方のホームページを開いていました。「まずは対話する」心構えがないと、Google Earth を使用していない時点で注意したくなる心が芽生えてきてしまいます。話を聞くと、その子のお婆ちゃんの家が九州にあり、札幌との共通点が気になって調べていたのだそうです。**好奇心が素晴らしいことを伝えたうえで、残りの時間と学習の見通しを確認しました**。

一人一台端末が導入されて以降、「今この子は学んでほしい箇所を学んでいるのだろうか？」と感じる場面が増えました。疑いの目ではなく、「まずは対話する心」をもって、子どもたちに近づいていきたいものです。

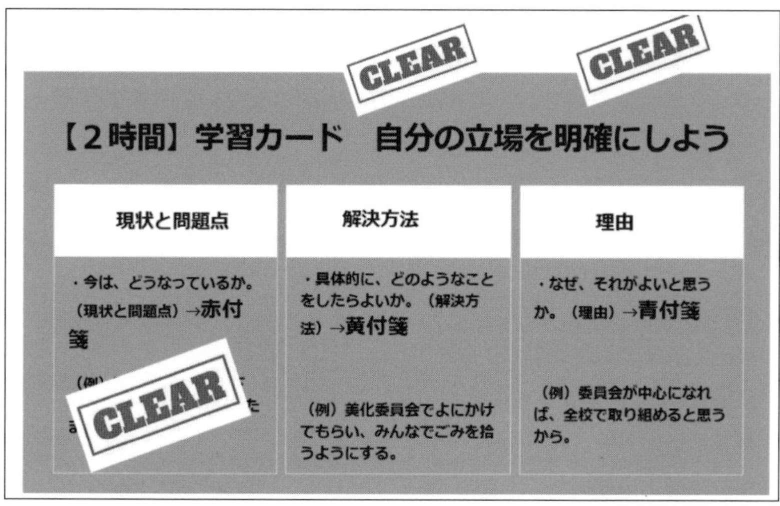

※ゲーム要素を取り入れた「チェックポイント制」もおススメの手立てです。

「自由進度学習」を始める前に よくある質問７選③

質問

「自由進度学習」の準備に、相当な時間がかかりませんか？

答え

時間がかかります。個人で取り組む場合、一度目が最も大変です。複数人で共有し合うこともおススメします。

「はじめに」でも述べたように、自由進度学習に興味をもつ先生の大きな障壁だったのが「準備時間の長さ」でした。１時間の授業準備でもそれなりの時間がかかるのですから、全８時間分の見通しを子どもに伝えるのは大変といえば大変です（慣れますよ）。

たとえば、私の場合、次の日から全８時間、社会の自由進度学習が始まる場合は、以下の準備をしています。

・単元のオリエンテーション準備
→単元全体の見通しをもつため、好奇心を生むため
・学習進行表
→計画を立てるため、１時間単位の見通しをもつため
・学習カード or チェックポイントカード
→具体的に何をすればいいのか？　子どもがイメージしやすくするため
・発展学習用課題
→設定時間より早く終わった子が取り組むため

一つひとつに、結構な時間がかかるため、**一人一台端末導入前はかなり**

大変だったのが正直なところです。夏休み中の大きな仕事として、いくつかの自由進度学習の準備を数日かけて行っていました。

しかし、一人一台端末導入により状況は大きく変わりました。

学習進行表 一度作成すれば、コピーしたものをもとに短時間で作成できるようになりました。また、印刷不要になりました。

発展学習用課題 インターネット上には魅力的なコンテンツがたくさん入っています。教師がすべての準備を前もって調べる必要もなくなりました。むしろ子どもたちが自分から見つけてきたサイトを起点とした発展学習の方が熱量高かったりもします。2022年12月現在はKahoot!のクイズづくりの発展学習が大人気です。

学習カードorチェックポイントカード 少し時間はかかりますが、印刷不要になり、子ども自身も「学習カードづくり」に共同編集者として参加もできるようになりました。

体感的には、一人一台端末の導入により、準備時間は半分以下になりました。**私個人の状況としては、自由進度学習中の子どもたちにインタビューしながら「次の学習進行表はもっとこうした方いいかもな」と感じるヒントをもらい、授業中に作成することも多いです。**「学習カード」も休み時間に教室で作成していると、端末をもって「手伝っていいですか？」と言ってくれる子どもがいるのでスクールタクトの共同編集で作ったりもしています。**子どもが主役の授業。授業の下準備も子どもと一緒にしたほうが楽しいし、よいものになると感じています。**

※購入者特典のワークシートも参考にして頂けると幸いです。(p.190～)

「自由進度学習」を始める前に よくある質問７選④

質問

テストの点数は下がりませんか？

答え

私の経験上はありません。むしろ学級平均点は上がります。

自由進度学習の勉強は楽しんでいるけれど、単元テストの点数が下がってしまっては「大丈夫なの？」と思われてしまうのも当然だと思います。テストの点数が心配な方は以下の２つの手立てが有効です。

1　ポイントを絞ったミニレッスンの実施（導入５分のクイズ大会風）

導入５分に、クイズ方式などでテンポよく「ポイントを絞った」ミニレッスンを入れていきましょう。**子どもたちが取り組む「単元テスト」から逆算して、問題をつくっていきます。**

T：「問題です。沖縄県は、日本で最も何の被害が多い県でしょう？」
C：「台風！」
T：「正解。次の問題。台風の多い沖縄県では、家のつくりにどのような工夫があるでしょうか？」

※クイズも子どもがつくるようになると最高。Google フォームで任意参加の募集するのもよい。「テスト対策用問題づくり」を宿題にすると50問以上のクイズが集まります。

2　一人ひとりに問いかける

子どもたちが「何の勉強をしているか」観察しましょう。学習活動を行う子どもたちをよく見て、対話をしつつ、**テストで問われる箇所に目が向くように、導きましょう。**

T：「Aさんたちは、沖縄県の『観光』の視点から調べてみた？」

C：「まだ調べてないです。さとうきびが面白くて」

T：「いいね。沖縄県の魅力や工夫をどんどん学んでいるね。後でもいいから教科書 p.52 からの『観光』の視点でも調べてみてね。きっと、もっと沖縄県のことが好きになると思うよ」

ちょこっとコラム

テストの点数はもちろん大切です。しかし**「テストの点数以外」にも大切なことがある**と伝えてあげるのも教師の役目の一つだと考えています。保護者の方も、子ども本人も「テストの点数がよい＝勉強ができる、勉強が得意」「テストの点数が悪い＝勉強ができない、努力不足」の考え方でとらえている場合が少なくありません。

・テストに向けて努力をしたことが素晴らしい

・勉強が大好きな君は大切な力を既に一つもっている

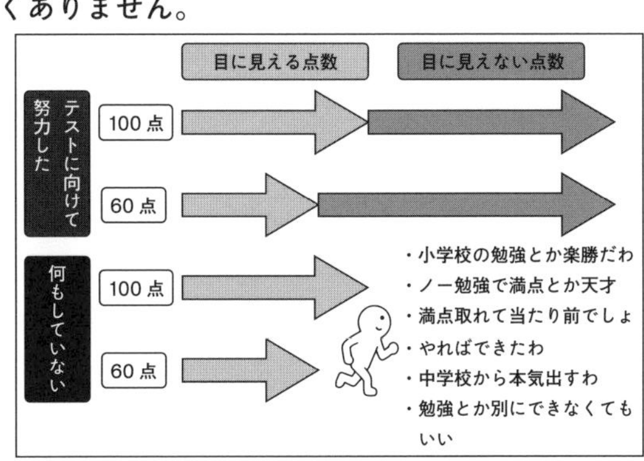

テストの点数に必要以上に落ち込む子に、点数以外の大切なものを言語化し、伝えるよう心がけています。「大切なものは目に見えない」。星の王子様の名言を子どもたちにも保護者にも伝えています。

「自由進度学習」を始める前に よくある質問7選⑤

質問

保護者や学年の先生には、どのように説明していますか？

答え

根気強い「発信」が大切です。大人も「自分が受けてきた教育・見てきた教育」が考え方の土台です。いきなり理解されるのは難しいのが当たり前。担任の思いや、子どもの姿を「発信」し続けましょう。

1988年生まれの私も、受けてきた授業形態のほとんどは「一斉授業」でした。**人間は「知らないもの」に対しては「恐怖」をもつ脳のつくりになっています。**かつての私もそうだったように、自由進度学習の進め方や考え方をまったく知らない人にとっては「子どもに丸投げしている」「先生が教える役割を果たしていない」と感じてしまうのは仕方のないことかもしれません。しかし、それでも私は自由進度学習を続けてきました。なぜなら、**令和時代を生きていく子どもたちに必要な力が育つ方法**だと信じているからです。だから根気強く、右のページのような学級通信を発行して、保護者や同僚の先生への発信を続けています。

大事なのは「発信し続ける」こと。「なんかよくわからないことをやっている」が一番こわいのだと思います。育てたい力の意図をもってやっていることが伝われば、わかってくれます。「なぜ自由進度学習を取り組んでいるのか」を皆さんの言葉に熱量を込めて、伝えて続けていきましょう。

自分で決める、自分で進める「自由進度学習」

社会科の「自由進度学習」が今週からスタートしました。自由進度学習では、自分で学習の計画を立てたり、自分で学習進度を決めたりするなど「自分のアタマで考えて学び続ける力」がより一層求められる時間です。

先生は黒板の前に立っていません。先生は「教科書の○ページを読みましょう。線を引きましょう」とやることを細かく指示をしません。

難しさもあるけれど、学びも多いと思っています。楽（ラク）ではないけれど、楽しさも多いと思っています。

「自由進度学習」に必要な心のあり方

「自由進度学習が楽しいです」と感想をもつ人がたくさんいてびっくりしました。取り組む前から伝えていたように、「自由に学べる」魅力もある半面、皆さんには「自律の心」が求められます。

(自律とは…予想して、ググってみましょう)

予想	言葉の意味

あと２時間、自由進度学習の時間が残っていますが、皆さんは自由進度学習に必要な「心のあり方」をもっているでしょうか？

□先生から「勉強しなさい」と言われないとできない
□先生の目が離れている場所だと手を抜きたくなる
□これくらいでいっかなと適当に済ませてしまう心

これらの「心のあり方」では、自由進度学習は難しいでしょう。誰のために勉強しているのか、今一度自分に問いかけてみましょう。

「自由進度学習」を始める前に よくある質問７選⑥

質問

早く終わってしまう子、または、遅い子や自分で進めるのが難しい子には、どのように対応していますか？

答え

早く終わる子→「こだわり」「貢献」「探究」の視点でかかわります。
遅い子・自分で進めるのが難しい子→「個別支援」「無理ないプランの提案」の視点からかかわります。ICT 端末もフル活用します。

早く終わる子への対応と仕組み

個人の経験では自由進度学習は、どの学年でも８割以上の子が設定時数よりも早く必修課題を終えます。国立教育研究所の調査によると、単元内自由進度学習で子どもが手を動かし、頭を働かせている実学習時間は、総学習時間の 91％に達しているそうです。「待たされる時間」がほとんどないため、子どもたちは、どんどん学習を進めていきます。早く終わった子のキーワードは「こだわり」「貢献」「探究」です。声かけの例も紹介します。

こだわり…「このくらいでいいや」で終わっていないかい？　あと 30 分時間をかけて、もっとよくなるなら、やる価値はあるよ。

貢献…自分が得た知識や力を「人のため」に使おう。困っている友だちに直接寄り添うのもいいし、有益な発信をクラスにするのもいいよね。

探究…課題を解決する中で生まれた「どうして？」の疑問の種を、掘り下げてみよう。種は、水をあげて太陽の光を浴びないと花は咲かないよね。疑問の種も一緒だよ。探究したら報告まで意識して取り組もう。

遅い子・自分で進めるのが難しい子

学習計画の見直しを促すなど、個別対応をします。「無理な計画」を立てている場合が多いです。

①問題数を絞る

②その子の「わかっていない箇所」を見極める

③「何の力をつければいいか」「何に取り組むべきか」具体的な指示を出す等、支援しましょう。

	意欲が低い	意欲が高い
能力高い	「励ます」 ・モチベーションを引き出す ・課題の重要性を伝える	「委任する」 ・認める、ほめる ・評価の指標を示す ・学びを工夫する
能力低い	「指揮する」 ・理解度のこまめなチェック ・教える、励ます ・行動が成長機会と捉える	「手を取る」 ・こまめなフォロー ・どうしたら力がつくのか具体的な道筋を示す ・行動が成長機会と捉える

※「シチュエーショナル・リーダーシップ」として知られているフレームワークを拠り所にかかわることも有効です。「その学習における力がないのか」「意欲がないのか」を見極め、個別支援に努めましょう。

「自由進度学習」を始める前に よくある質問7選⑦

質問

自由進度学習のときの「誰と一緒にやるか」は教師が決めていますか？

答え

基本的には「任せる」ことが多いです。なぜなら「心理的安全性」を優先したいと考えているからです。しかし、「ツルむ」関係ではなくて、「勉強のチーム」として学ぶ必要性を伝え続けています。

「心理的安全性」という言葉をご存じでしょうか。心理的安全性とは、1999年にハーバード大学のエドモンソン教授により提唱された**「周囲の反応に怯えることなく、安心して過ごすことができる状態」**を示す言葉です。心理的安全性で構成されるチームは、安心して意見を言い合い、リスクに挑戦し、疑問があれば遠慮なく質問することができます。

教師の理想としては「誰と同じチームになっても」心理的安全性をもって学んでほしい願いがありますが、難しい場合も多いでしょう。

教師が決める場合

日常の様子を観察し「心理的安全性」が確保されるチーム編成を心がけています。協働的な側面も生まれるよう「同じ課題・目標」をもったチーム編成となるのが望ましいでしょう。

たとえば社会科で「低い土地の工夫」と「高い土地の工夫」のどちらの課題を学びたいかアンケートをとります。集計したアンケートをもとに教師がチーム編成を行えば「同じ目標」かつ「心理的安全性」も確保された状態で、授業を進めることができると思います。

子どもが決める場合

子どもたちが決めたグループは、「心理的安全性」は確保されている場合が多いです。「批判される友だち、質問できない友だち」は最初から選びません。ただ、子どもが決めたグループで最もかかわりが必要なのが「ツルむ友だち関係」でチームを組んでしまう場合です。明治大学教授の斎藤孝先生によると「ツルむ友だち関係」には以下のような特徴があると述べています。

・低いレベルの仲間意識
・友だちがいないと不安症候群
・授業を受けるのも一緒、サボるのも一緒
・友だちの前で真面目な自分を見せられない
・３人でいても３以上にならない、３分の１しか成長しない
・がんばろうと思っている人を引きずりおろすような言動をとる

自由進度学習で一緒にやる友だちは「ツルむ友」ではなく**「進友（しんゆう）」**が望ましいと伝えています。以下のように語りかけます。

「親しいかどうか」勉強には関係ありません。**２人で勉強したのなら「１＋１が２以上になる進化し合える関係」**、それが進友です。
授業中に見つかった進友は一生の宝物ですよ。あなたを成長させてくれるのですからね。

COLUMN 7

「読書家の時間」
～一人で没頭する経験～

自由進度学習の土台を築く上で、欠かせない活動が「読書家の時間」です。コラム③「独学の時間」と合わせて、「自律した学習者を育てる時間」だと実感しています。

詳しい取り組み方はプロジェクト・ワークショップ編『読書家の時間～自立した読み手を育てる教え方・学び方～』を是非読んでほしいのですが、1時間の基本的な流れは以下の流れで進めていきます。

①ミニレッスン（5分）
②ひたすら本を読む（35分）
③共有の時間（5分）

自由進度学習とほぼ同じ形式で進めていくことが可能です。国語科「読むこと」と関連づけて、年間を通した運用が可能になります。（私は1、2年生だと週に2回、3年生以上では週に1回を目安に取り入れています）

「読書家の時間」を通して、様々な力が育っていきます。特に自由進度学習に繋がる力に特筆するならば「没頭経験」と「選択経験」の2つの経験が積むことができます。

没頭経験

「算数ドリルを35分取り組みなさい」と指示を出されると難しい子が多いでしょう。しかし「読書に35分取り組みなさい」は難なくクリアしてしまう子が多いです。理由は2つあります。

1　学校には数万冊以上の本の選択肢がある

学校の蔵書数は10000冊を超える学校も多数あります。学校図書館図書標準として整備すべき蔵書の標準が学級数に合わせて定められているのです。10000冊以上の選択肢があるので「その全部が嫌い」というのは、考えられないでしょう。

読書が苦手な子は「自分に合った本」に出会えていないのです。「読書家の時間」に教師と一緒におもしろそうな本を選書することから始めましょう。

2　読書という行動の性質

読書という行為自体が「集中力」を要します。単純作業は、おしゃべりしながらでも進みますが、読書は明らかにちがいます。文字を読むのが苦手な子は、図鑑や間違い探し、絵本からのスタートでもいいですが、それらの本を読むにも**一定の集中がないと読むことができません。**いくつか本を読んでいるうちに「もうこんなに時間が経っていた」という没頭経験をしてもらうが一番のねらいです。「読書に35分集中できるなんて、集中力があるね」の言葉かけが、自由進度学習にも繋がります。

選択経験

自分で決める力が読書家の時間を通して磨かれます。読書家の時間では、「どんな本を読むか」「1人で読む？　ペアで読む？」「どこで読む？」のような選択が迫られることになります。読書を通して「自分で選び、その経験をメタ認知する」活動を繰り返すことになります。

かつての教え子に「読書家の時間」がきっかけとなり、学習の仕方にも好影響が及んだ子がいました。その子は、読書の場所として、教室で一番静かな場所を選んで読書していました。すると、静かな場所では、いつも以上に読書に没頭できることに気づき、家庭学習の場所もリビングから、誰もいない部屋に変更し、家庭学習の質も大きく上がったそうです。

読書の学びを通して、「集中して読書をするには？」の問いを考え続けるのもよい経験になるでしょう。

※「読みたいと思ったら５秒」で本を読み始められる環境を整えています。机横の手提げバックを推奨したり、机の上に本棚を用意（段ボールにて作成）したりしています。

※図書室でゆったりと本を読む時間、子どもたちは大好きです。

高学年、読書が苦手な子でも、読みやすい本4選

❶『5分後に意外な結末シリーズ』

→タイトル通り「1話5分」で読む事ができます。札幌市内の小学校では、10分程度の朝読書が一般的に行われています。「1話5分」で読み終わるこの本は「朝読書」との相性も抜群です。
※ちなみに『5秒後シリーズ』もあります

❷『54字の物語シリーズ』

→54字で読者を惹きつけるような要約文・見出し文が書いてあります。この本も「54字だけ読んでみて、おもしろそうだったら続きを読んでごらん?」って声掛けをしています。
歴史編やホラー編など様々なバリエーションがあって面白いです。

❸『ざんねんな生き物事典』

→言わずもがなの大人気シリーズです。小学校でも低学年〜高学年に幅広く、圧倒的な人気を誇ります。

❹有名すぎる文学作品をだいたい10ページくらいの漫画で読む

→人間失格や羅生門など、昔読んだ名作を再度読むのも良し、実は読んでいないあの作品を読むのも良し。

電子書籍サービスの活用も有効です。半年のみの利用でしたが、電子書籍サービス「Yomokka!」は子どもたちに大人気のアプリでした。

購入特典

自由進度学習の土台を築く学級通信集 16 選

購入いただいた方は、そのままコピーして使ったり、自分なりの言葉を加えたりして使用してください。

皆さんの教室の子どもたちが「自律した学習者」への一歩踏み出す支えとなれば嬉しいです。

自由進度学習で使用したワークシート集 18 選

購入いただいた方は、そのままコピーして使ったり、目の前の子どもたちにあった形式に変更したりして使用してください。

自由進度学習のワークシートは一度つくってしまえば、その後は子どもに合った形で少しずつ変更していくだけです。準備は最初が大変です。

スクールタクトの利用者の方は検索範囲を「校内」ではなくて「すべて」に変更し、「自由進度学習」で検索をかけてください。本書で紹介している「スクールタクト用」のワークシートを使用できます。

Facebook グループ「自由進度学習会」

ワードやエクセルなどのデータは Facebook グループ「自由進度学習会」にて共有させていただきます。

「本を買いました」「グループ参加したいです」とメッセンジャーで一言、連絡いただけるとうれしいです。

家庭での勉強への考え方に問いかける学級通信

学級通信～自分のアタマで考えよう～
宿題から家庭学習にレベルアップしてみよう！

４年生までは「宿題プリント表裏１枚」が「宿題」であったと聞いています。
〇〇先生や〇〇先生からも「みんなよく宿題をやってきていました」と聞きました。
「先生から言われたことを、きっちり取り組む」大切な力の一つだと思います。
毎日取り組む「学習習慣」が身についていなければ、「宿題」を毎日提出するのは不可能です。
４年生まで「宿題プリント」を欠かさず出していた人は「学力」だけでなく「言われたことにきっちり取り組む力」や「学習習慣」までも身につけていたということです。素晴らしいことです。

さて、でもここからは５年生です。小学校卒業や中学校入学も少しずつ見えてきました。
これまで身につけた力に加えて、皆さんに身につけてほしい力があります。それは…
「自分にとって何の勉強が必要か？」を考える力です。
その力を少しずつつけてほしいので「宿題プリント」から「家庭学習ノート」へと変更します。

「宿題プリント」は、先生から**「今日、家では、あなたはこの勉強が必要だと思うから、この勉強をしてきてください」**というものです。
しかし**「家庭学習」は真っ白なノートに「何の勉強」を「どのくらいするのか？」もあなたが決める**のです。

「えっ！？　じゃあ、５分で毎日終わったっていいの？」
という浅はかな人がたまにいるのですが…あなたの人生はそれでいいのかな？と自分に質問してみましょう。

大切なことなので何度も言います。

勉強は「自分のため」にするものです。
「先生のため」にするものでも「おうちの人のため」にするものでもありませんよね。

だから「家での勉強は、先生もおうちの人も見てないし、ラクして早くゲームしちゃおう」って考え方は、捨て去ってください。
授業中でも「先生が見ているときは頑張る」「先生が見ていないときは手を抜く、おしゃべりする」考え方も捨て去ってください。

その考え方のままズルズルと勉強を続けることで、悲しい思いをするのは、**「未来のあなた」です。**

ちょっと怖い言い方をしましたが…難波先生が伝えたいのは**「勉強は楽しいよ。自分のために勉強してね。やり方とかおもしろさとか、1年でいっぱい伝えていくからね」**ってことが言いたいのです。

「家庭学習ノート」…新しい取り組みになりますが、がんばっていきましょう。

ひとまずのルールとしては、**毎朝「検温表」を難波先生に見せているタイミングで「家庭学習ノート」も一緒に見せてくださいね。忘れた場合はそのときに教えてください。**

「宿題を“終わらせる”」や「宿題を“終わらせて”早くゲームがしたい」などの作業マインドで学習に臨んでいる子どもがたくさんいます。保護者がいます。
勉強を「作業マインド」から「成長マインド」へと変換させていきましょう。まずは「宿題の見方・考え方」に問いかけましょう。

家庭学習の具体的な型を提示する学級通信～漢字学習編～

学級通信～自分のアタマで考えよう～

漢字学習は、家庭学習の第１歩として始めやすいと思います

漢字を覚えるには「順番」があります。
①見慣れる
②読める
③見て書くことができる
④見ないで書くことができる（←漢字テストで問われているのは、ここ）
⑤熟語がわかる（その漢字を使った、他の言葉もスラスラ出てくる状態）
⑥自分が作文を書くときなどに自由自在に使いこなせる
この６ステップで成り立っています。
よく見かける失敗は「明日の漢字テストで 90 点以上取りたい！」と目標を立てて勉強をしているのに③の練習ばかりを繰り返している人。テスト勉強は④の練習を繰り返さないといけませんよね。
別の失敗は、④の学習で止まってしまっている人です。「金曜日の漢字テストは 100 点だった」で満足してしまい、テスト後はすっかり漢字を忘れてしまい「作文は平仮名だらけ」だったり「抜き打ちの漢字テスト」だと歯が立たなかったりする人たちです。
このタイプの人は⑤の練習に進みましょう。自分で「抜き打ちテスト」をやってみて、「忘れとの戦い」をしていかなければいけません。中学受験や高校受験では、どの漢字が出るかなんて教えてくれませんからね。
では、今週の家庭学習は「漢字の勉強」からやってみるのは、どうでしょうか。先生がつけている「難波先生がもし５年生だったら…」のノートを参考に、自分で取り組んでみよう。失敗したっていいですからね。自転車と同じです。失敗して、転びながら、少しずつできるようになろう。

「やってみたい」意欲が生まれた後は具体的な方法を提示しましょう。参考のノートをコピーして添付するのも効果的です。
※土居正博先生の『漢字指導法』をもとに指導しています。

丸付けを「なぜ自分でするのか？」考え方を伝える学級通信

学級通信～自分のアタマで考えよう～

自己学習力を身につけましょう

自己学習力って何？

皆さんが生きていく未来。今以上に、**自分にとって何が必要かを自分で考え、自分で選び、その結果を受けて、自らレベルアップする力**が求められます。「〇〇をしなさい」と指示を受けたことを、その通りにできる力が重要視された時代は、既に終わりを迎えてきています。一律のプリント宿題から家庭学習へ移行したのも、そのためです。皆さんの家庭学習ノートを見ながら、着実に「自分で考えて、自ら学ぶ力」がついてきているなと嬉しく思います。

丸付けの力を身につけよう

自己学習力をつけるために、必須の力は「丸付けの力」です。３年１組では、「丸付けの力」が先生の合格基準に到達した人から「丸付け名人」に認定します。「丸付け名人」へのポイントは３つです。

【丸付け名人の３つのポイント】

１：キレイに→〇がキレイであること。雑な〇、グニャっと曲がった〇では、見た目が悪く、やる気も沸いてきません。丁寧に学んでいくためには、丁寧な〇から始めよう。（しっかり〇が閉じている、**とじ**〇推奨）

２：正しく→間違っているのに、〇をしている。これでは、正しく成長していくことができません。答えをよく見て、一つひとつ丸付けをする力をつけましょう。せっかちな人は注意。自分のレベルアップは正しい方向へ。

３：直しが上手→「レベルアップがない人」の特徴は、失敗の捉え方が悪い事が原因です。失敗をしたときに「落ち込む」もしくは「失敗しちゃった」で終わってはいけません。×を付けるだけでは、あなたのレベルアップはありません。なぜ間違えたのか？どんな行動をしたらいいのか？定着するには、どうしたらいいのか？を自分のアタマで考える人ほどレベルアップします。

教師は「チェック役」から抜け出さなくてはいけません。そのためには、丸付けは「子どもが自分の力で自分のために」できるようにかかわります。

問いを立てる重要性を伝える学級通信

学級通信〜自分のアタマで考えよう〜
楽しく勉強したいなら、問いを立てる力をつけよう

勉強の始まりは「問いを立てる」ことです。「問い」がない人の勉強への向き合い方は、常に受け身です。
たとえば、小学３年生の理科の学習。先生が「今日は外に出て春を探しましょう」と言い授業が始まったとします。

問いがない人

・暇だな〜
・つまんない
・○○さんとお喋りしよう→先生に注意される→勉強がつまらなくなってくる

問いを立てる力がある人

・どうして、花びらの形はちがうのかな？
・葉っぱの形はギザギザしているのと、そうではないのがあるのはなぜだろう？
・松ぼっくりでも、広がっているのと閉じている松ぼっくりがあるのはどうしてだろう？

「問いを立てる力がある人」は自分の中から**「なんで？」「フシギ」「調べたいな」と好奇心が湧き出てきます。見たものを「勉強へと変換」できるのです。**
難波先生は、もちろん「問いを立てて勉強に向かっている人」が好きだし、皆さんにも、問いを立てる力を１年間でつけてほしいと思っています。

大切なので、もう一度言います。**勉強の始まりは「問いを立てること」です。**
既に「問いを立てる力」がある人は、１組にはたくさんいるのです。今週の社会科の授業をふりかえりましょう。

皆さんに見せたのは、教科書２ページ（見開きで地球が大きく映っているページ）と地球儀です。10分、時間をとるから、「問いを立てた人は教えてね」と先生は言いました。

すると、たくさんの「問い」が１組の皆さんから出てきました。

・地球はどうして円いのかな？
・どうして海のほうが広いの？
・どうして南半球と北半球で季節がちがうのだろう？
・なぜ陸地によって、色がちがうのだろうか？
・地球儀にある「線」はなんだろう？
・「赤道」ってなんだろう？
・地球儀の「ブツブツ」はなんだろう？
・上のほうにあるジグザクした線と「◯°」ってしるしはなんだろう？
・地球儀の真ん中の線はなんだろう？
・地球の全体を見てみたい！世界は広いのに、どうして海が多いのかな？
・ヨーロッパには、どうして島が多いのだろう？
・国には名前がついているのに、◯◯島とか◯◯諸島ってあるのはなんでだろう？
・どうして大陸のほうが狭いのかな？
・ロシアとか中国の面積が広いのは、どうしてだろう？
・地球儀の赤い矢印はなんだろう？
・地球はどっち向きに回るのかな？
・なぜ水を流れる方向が決まっているのかな？
・国の境目が、どうして綺麗な直線なのかな？

素晴らしい！！
これこそ勉強の「始まり」なんです。
自分の中から生まれた「問い」を大切にしてください。
まだまだ難しい人は、友だちが立てた「問い」の中で「たしかに気になるかも…」ってものから興味をもてる問いを見つけましょう。

「問いを立てる力」をつけていこう。
それが「やらされてイヤイヤやる勉強」から抜け出す第１歩だと思いますよ。

問いを立てる力がついた子は「早く終わった〜何すればいいですか？」って状況がなくなります。自分の問いを考えるのが楽しい子を育てたいです。

勉強をそもそもどんな気持ちでやっている？と問いかける学級通信

学級通信～自分のアタマで考えよう～

勉強はイヤイヤやっても効果が薄い

家庭学習が始まって１ヶ月。素敵な人が１組には、たくさんいます。

・途中から楽しくなって、気がついたら、４ページもやっていました。
・30分ノートにやった後に、30分、本を読みました。知らないことをたくさん知った。
・１つでやめようと思ったけど、もっとレベルアップしたいから２つやってきたよ。

素晴らしいの一言に尽きます。

勉強って何のためにしていますか？　誰のためにしているの？

「先生、昨日は寝ちゃって、家庭学習をし忘れました。ごめんなさい」って言う人がいます。
先生に謝る必要はないと日々伝えていますよね。
だって、**自分がレベルアップをしなかった。**ただ、それだけです。
クラスのあの子は、昨日は１時間レベルアップをしたかもしれない。でも、**あなたはレベルアップをしなかった**それだけなのです（時には、適度な休養をとることも大切。バランスですね）。
イヤイヤ勉強している人は、**「どうしたら、楽しくなるか？」「なぜ楽しくないのか？」**から、考えてみましょう。鉛筆を持って、ノートに書いてみてください。なぜだろう？
楽しく勉強している人は、イヤイヤ勉強している人に比べて、４倍もレベルアップするって海外の研究者も言っています。楽しく30分勉強した人と、イヤイヤ２時間勉強した人の、レベルアップは同じってことです。
損だよね。せっかく勉強しているのなら、楽しく勉強する力をつけてほしいと思います。

自律した学習者に向かい走り出した層は、どんどん背中を押しましょう。家で勉強するとき、教師は近くにはいません。問いかけることを大切にしています。

自分をコントロールする難しさと大切さを伝える学級通信

学級通信～自分のアタマで考えよう～
勉強を通して自分をコントロールする力をつけよう

先日「セルフネグレクト」が現代の社会問題の一つであるというテレビ番組を観ました。

セルフネグレクト…生活環境や栄養状態が悪化しているのに、それを改善しようという気力を失い、周囲にも助けを求めない状態を指す。高齢者の一人暮らし問題から出てきた問題だが、最近は若者の一人暮らし、中学生、高校生にも広がってきている問題だと報じられていました。

心の病の側面もあるようなので、医療機関との連携はもちろんですが…。

先生目線から見て、一番感じたこととしては…

勉強を通して「自分をコントロールする力」を義務教育期間中に身につけてほしいと強く感じました。

まさに「自分のアタマで考える力」や「自律」と繋がってくると思います。

「自分で自分をコントロールする」

これは決して簡単なことではないです。だから訓練が必要なんです。

何度も失敗して、何度も分析して、何度も計画を立て直して、色々試してみて、また失敗して、「自分なりの最適解」を見つけ続けていくことを諦めないでね。

さて、小学校３年生の時点で「自分をコントロールする力」どれだけ身についていますか？

・友だちから言われた一言にカッとなり、手を出してしまった。

・９時に寝ると決めたのに、ズルズルと９時30分…50分と…遅くなり、「まあいいか…」となってしまった。

これらは「自分をコントロールできていない」代表的な場面です。

「自分をコントロールする」のは本当に難しいですよね。しかし「諦めてはならない必須の力」です。

そのためには小学生のうちから**「勉強」を通して「自分で自分をコントロールする力」を磨きましょう**。

目標を決める、メタ認知をする。勉強を通して「自分をコントロール力」を磨く鍛錬を重ねています。大切な勉強です。

勉強つまんないと言う前に、君に楽しむ力はあるの？と問いかける学級通信

学級通信～自分のアタマで考えよう～
楽しむ力をつけていこう

「楽しい」と「楽しむ」は一文字しか違いません。でも、この２つの言葉には天と地ほどの差がある。

「楽しい」は、基本的には【誰かから与えられるもの】です。

・マンガが楽しい

・ゲームが楽しい

・先生の授業が楽しい

外からの刺激を受けて、自分の中に湧き上がる感情が「楽しい」です。

受動的かつ反応的な感情の一つです。「楽しい」ことは素晴らしいことなのですが、一つ問題があります。

「誰かが与えてくれる楽しい」ばかり追い求めるようになると、心の中にある問題がおこります。

・「◯◯はつまらない」

・「◯◯のほうが楽しいわ」

・「◯◯は何だか微妙だ」

自分の心が「プラスの反応」をしていれば「楽しい」

自分の心が「マイナスに反応」していれば「つまらない」

自分から進んで努力するわけでもない、立ち止まって考えることもしない。

だけど「楽しい」だけは与えてもらいたい「お客様感覚」の人には重大な問題がふりかかる。

わかるかな？

人のせいにするのが当たり前の人になるってこと

人のせいにするのが当たり前の考え方になった人の未来はわかるよね？

・部活がつまらないのは◯◯のせいだ

・勉強がつまらないのは◯◯のせいだ

・今のクラスがつまらないのは◯◯のせいだ

全部、人のせいにすればいいんだ。

こんな人生、楽しそうかな？　楽「ラク」ではあるかもしれないね。

じゃあ「楽しむ」はどうだろうか？
「楽しい」ではなく「楽しむ」を大切にする人は**「楽しむかどうかは自分が決める」考え方**が基本的にあります。
「こうすれば楽しくなりそうだ」
「これでダメなら次はこうしらたいいんじゃないかな」
「こんなやり方もおもしろいかもしれない」
考え方は前向きになり、勉強の生産性（早くレベルアップができるってことです）は高まっていきます。
人のせいにしない。自分に質問する。
（自分を責める、落ち込むとは全然ちがう）

これは、難波先生が人生の中で最も大切にしていること**の一つ**です。

たとえば、一生懸命授業を考えて、授業をしたのに、君たちのテストの結果が散々だったとする。
５年１組のせいにするのは簡単です。１秒で解決**します**からね。
でも、それはしない。

「どんなふうに教えたら、もっとわかりやすかったかな…」
「どんな声かけをしたらよかっただろう」
「テストの実施するタイミングもちがっただろうか」

常に「自分ができることを探すよう」にしています。
「楽しむ」人間であれ。「楽しむかどうかは」キミが決めるんだ。

「ゲームは楽しいけど勉強は楽しくない」と思っている子へ向けて書いた通信です。**気持ちはわかるけど、君は勉強を「楽しむ」努力はしていますか？**とメッセージを送りました。
※渡辺道治先生の『学習指導の足並みバイアスを乗り越える』の内容をもとに作成しています。

学校はなんのために来るのか？考える学級通信

学級通信～自分のアタマで考えよう～
かしこい人になろう　かっこいい人になろう

「学校は、なんのために来るのか？
難波先生の考えを伝えます（みんなも自分のアタマで考えてみよう）。
学校は**「かしこく・カッコいい人」になるために来る場所**だと思っています。
第一に、学校はかしこくなる所です。
学校に来て、少しも「かしこく」ならずに、6時間目を終了したのであれば、何のために来たのでしょうか？
学校という場所は、勉強をして、みんなが「かしこく」なっていくためにあるのです。
だから、学校に来ている間に、**ほんの少しでも何かを学び、朝来たときよりも、わずかでもいい。わずかでもいいから成長して、家に帰ってほしい**と思います。
そのために先生も、力を余すことなく、全て出し尽くしたいと思っています。
みんなが「かしこくなった！」「知らないことが知れた！」「できないことができた！」と実感できる瞬間に立ち会えるような授業を実現させていくつもりです。
（あなたの「学びたい意欲」が必要なのはいうまでもありません。**学校に来るだけ、教室に静かに座っているだけでは成長しません。**ゲームの電源はつけたけど、何もプレイをしていない主人公はレベルアップしないよね）

「かしこい人」になっていくために必要なことは「自律（じりつ）」の心が大切です。
小学校5年生となっても「勉強は先生が教えてくれるものだ」「先生が何をしたらいいか指示してくれるものだ」と思っている人がたくさんいます。
でも、先生は、そのレベルは皆さんには卒業してほしいと伝えていますよね。

じゃあ、先生が宿題を出さなければ、勉強しないんですか？
先生が土日くらい休みなさい。勉強しなくていいんじゃない？と言ったらしないんですか？
自分のアタマで考えてみましょう。**あなたの人生の主人公はあなたであり、コントローラーを握っているのはあなたなんです。**難波先生など、物語の「登場人物」に過ぎないのです。
「自律した学習者」になってください。

第二に、学校はカッコよくなる所です。
大前提として「カッコよく」とは､外見を指しているわけではありません。
日本語の中で外見を指して使われるようになったのは実は最近のことで、
この言葉のもともとの意味は「ふさわしい」という意味なのです。
では何においてふさわしくなることが求められるのでしょうか。
皆さんの場合は…
「5年生として」ふさわしい行動であるか？
「学校の高学年として」ふさわしい行動であるか？
「10年生きてきた人間として」ふさわしい行動であるか？

これらの立場に対して「ふさわしく」なっていくとは、どのようなことか考えてみましょう。

・挨拶を全然しない5年生って、5年生に「ふさわしい」でしょうか？
・「勉強ってマジつまんねえよな！」って言っている、学校の高学年って「ふさわしい」行動だろうか？
・掃除の手を抜いて、なんとなくやっている人って、10年生きてきた人間として「ふさわしい」行動でしょうか？

自分のアタマで考えてみよう。何が「カッコよい」のか。
ハッキリ言います。
年下の人間は、あなたたちが「年上」だから憧れることはありません。これは絶対です。
あなたたちの「行動・姿」に憧れるのです。
それを忘れることないようにしてください。

「かしこくなる」はアタマの成長です。
「カッコよくなる」は心の成長です。

アタマだけでなく、心だけでもなく、アタマと心の両方を、学校でレベルアップしていってほしいと思っています。1カ月前より「かしこく」なってる？　1カ月前より「カッコよく」なってる？

『心を育てる語り』（渡辺道治 著 東洋出版社）をもとに作成しています。通信化することで保護者にもどんな話をしているのか伝わります。

自由進度学習を始める直前に配る学級通信

学級通信～自分のアタマで考えよう～
「自由進度学習」に挑戦するぞ直前号

先生が黒板の前に立って、みんながノートに書いて、発表して、まとめるなどの「やり方」ではなく、「自分のアタマで考えて、自分で勉強していく」のが自由進度学習です。

先生は黒板の前に立っていません。先生が司会をしません。やることを細かく指示はしません。

次の「低い土地と高い土地」

全部で6時間の授業。

最初の1時間は「先生とみんなでつくる授業（一斉授業）」

3時間を「自由進度学習」

1時間をGoogleスライドの発表

1時間は知識のテストの流れでやってみましょう。

先生から「やりなさい」「読みなさい」「出しなさい」とお尻を叩かれないと、勉強をすることができない人には、ちょっと厳しいかもしれません…でも、やってみましょう。何事もチャレンジです。君たちなら大丈夫です。

自由進度学習に必要な心

・自分から勉強する心
・先生が見てなくても自分のために学ぶ心
・「先生がいつも教えてくれる」じゃなくて「自分から学ぶ心」
・「もっと知りたい！」「なんでだろう？」と感じる好奇心（こうきしん）
・「これくらいでいっか」で終わらない「こだわる力」

今の時点でどのくらいありそうですか？

自由進度学習に必要な「教科書」を読む力

「教科書」を「なんとなく」読んでいる人が多すぎると感じます。教科書を「しっかり読む力」は勉強の基本です。

「クロムブックの検索」のみで勉強を終える子がいますが、「クロムブックの検索」は勉強のサポートの役割。

まずは、大事なことは全て「教科書」に書いてあります。「自分から」教科書を読む力をつけていきましょう。

教科書の読み方の極意

・社会科の教科書を開く
（最低２回は読むつもりでいましょう。１回で「わかる」など無理です）

・「なにが書いてあるのかな？」と考えながら一度読む
（初めて読むのですから、わからなくて当たり前くらいの気持ちで一度目は読もう）
（意味のわからない言葉は予想をしてから、調べる→教科書に書き込む）

・写真やグラフもサラッと見てみよう

・教科書左の「つかむ」「調べる」「まとめる」や「問いの箇所」を読み、「問いを立てる」

・「問いを考えながら」２回目を読む

・大事な箇所に線を引きながら読む

・大事な文はどれ？（問いに関係ありそうなもの）　・主語に注目する
・繰り返し出てくる言葉、テストに出そうな言葉は「キーワード」
・教科書の空いているスペースに「問いの答え」をまとめていく
→この部分は国語の授業での学びを生かしていこう

・最後にもう一度、ふりかえりながら、読む（３回目）

自由進度学習を始める直前に配付しました。「教科書の読み方・活用の仕方」を教わったことがない子が大半だと思います。「教科書でどのように学ぶのか？」も伝えるために書きました。紙と鉛筆と教科書と端末があれば、何だって学ぶことができます。やはり大切なのは「学ぶ心」です。

自由進度学習に初めて挑戦した直後に出した学級通信

学級通信～自分のアタマで考えよう～
「自由進度学習」に挑戦しました号①

1時間目は、「低い土地」と「高い土地」の教科書と資料集のページを見て、「問い」を立てました。
問いを立てるときの合言葉は…
「なんで？　どうして？　もっと知りたい！」です。

10分くらいしか時間がとれなかったけど、勉強大好きの1組さんから、たくさんの問いが出てきました。

（○○さんの問い）こんなに水に囲まれていたら、津波がきたときはどうするんだろう？
（○○さんの問い）低い土地には、どんなイイことや悪いことがあるんだろう？
（○○さんの問い）なんで水がいっぱいに広がっているんだろう？
（○○さんの問い）なんで、こんなに川が広がっているんだろう？
（○○さんの問い）堤防は壊れないのだろうか？
（○○さんの問い）どうして低い土地には、こんなにたくさんの家があるんだろう？
（○○さんの問い）どうして低い土地には、川や海がたくさんあるのだろう？
（○○さんの問い）どうして、低い土地には川が流れているところが多いのだろう？
（○○さんの問い）低い土地では水はあふれないのかな？　写真に見える「細い道」はなにかな？
（○○さんの問い）赤と白の建物はなんだろう？線で繋がっている。
（○○さんの問い）なんで山が上にあるのかな？

素晴らしいです。
問いが生まれたら、まずは「教科書」を最低2回は読みましょう。
クロムブックで「🔍低い土地　いいところ」とすぐに検索せずに、自分のアタマで考えてみよう。書き出してみよう。

まずは教科書。そして資料集。
そして、あなたのアタマで精一杯考えるんです。
ノートに自分の考えを鉛筆で書く。
教科書に線を引っ張る。
教科書に問いの答えを書いていく。
このくらい**泥臭く勉強しないと「社会の力」はつかない**からね。
自分のアタマで考えよう。

考えるって楽しいですよ。
勉強するって楽しいですよ。

アタマが社会でいっぱいに溢れちゃうくらい…
授業が終わったあと「めっちゃ考えた…頭パンクする！！」ってなるくらい考え抜いてごらん。

考えるって本当に楽しいですよ。
勉強って本当に楽しいですよ。

さあ、やってみよう！

〇〇さんと〇〇さんが「今日、もっと社会の問いについて考えたいのでクロムブックを持ち帰っていいですか？」と聞いてきました。
もちろんです。
自分から「家庭学習でやりたいこと」が見つかる力は素敵な力の一つだと思います。
イイネ！

初めての自由進度学習に挑戦した、その日の帰りに配付しました。よい行動に着目し、どんどん発信します。「勉強っておもしろいかも？」って感じる人が、一人、また一人と増えてほしいと期待を込めて言葉を綴ります。

自由進度学習中にインタビューしたことを内容にした学級通信

学級通信～自分のアタマで考えよう～
「自由進度学習」に挑戦しました号②

5 月 20 日（金）の 3 時間目。
先生「計画は立てましたか。では勉強の時間は 30 分です。30 分後にふりかえりをします。はい、どうぞ」
と言って始まった社会科の授業。
どんな様子で学んでいたか…難波記者が現場からお伝えします。

■○○さん、○○さん
・10 分教科書を読む（タイマーを使う）
・二人ともタイマーをかけたら、ものすごい集中力で教科書を読んでいました。スゴイ！
・大事だと思ったところを、Google スライドにまとめていく予定だそうです

■○○さん
・まずはスライドを進めたい
・だいたいつくってから、後から「間違っているところはないか？」チェックをする流れでいく作戦だそうです

■○○さん、○○さん、○○さん
・教科書を読む
・わからなかったことは調べる
・わかったことを自分の言葉で Google スライドにまとめていく

■○○さん、○○さん、○○さん、○○さん
・教科書を読む場所を分担する
・読んだことをノートにまとめる
・わかったことをそれぞれ発表する
・○○さん（p22 ～ 24 担当）○○さん（p25 ～ 27 担当）○○さん（p28 ～ 30 担当）○○さん（p31 ～ 33 担当）
・要点にまとめて、わかりやすく発表することを意識しているそうです

■○○さん、○○さん、○○さん
・○○さんは高い土地を選択。○○さんと○○さんは低い土地を選択
・教科書を読んで、お互いに要点に伝え合う
・2時間分、それぞれが勉強して、その後、わかったことを発表する予定

■○○さん、○○さん、○○さん、○○さん
・教科書を10分読む
・大事なことをノートに書く
・次回はみんなで動画をみて、気づいたことをまとめていく
・スライドづくりに取りかかろうと思っている
・○○さんがリーダー役。みんな書いた？　大事だと思うことをまとめましょう。いくよと明るい声かけをしていました

■○○さん、○○さん、○○さん
・6時間目にあるテストに向けての勉強
・ニューコースをやろうと思ったがネットがつながらなかったので、ドリルパークの社会の問題に取り組んだ
・「地形と特色とくらし」「低い土地のくらし」の問題を解く
・学びポケットの、友だちがつくってくれた「テスト問題」の対策をする

みんな勉強に物凄く集中しているので、他の人の勉強のやり方がなかなか見えにくいと思います。また難波記者が現場からお伝えしていきます。

自由進度学習中の子どもたちの行動や考え方を「具体的に伝える学級通信」を発行しています。子どもたちに通信を配り、発問します。「どの勉強の仕方を自分にも取り入れてみたいと思う？」と。30人以上が集まる教室。様々な勉強方法に触れることができます。色んな勉強方法に出逢ったり試したりするきっかけをつくりたいと考えています。

自由進度学習中の良い行動に着目した学級通信

学級通信～自分のアタマで考えよう～
自由進度学習に挑戦しました号③

自由進度学習に初挑戦した単元が終わりました。
「楽しかった！」って声がたくさん聞こえてきたので、5年1組の皆さんと続けたいと思います。
次の社会科「あたたかい（寒い）土地のくらし」でも続けていきましょう。

次の自由進度学習でも是非続けてほしいこと
❶教科書、資料集と何度も何度も向き合うこと
クロムブックの検索や、NHK for schoolの動画のコンテンツだけに頼るのではなく、「教科書と資料集」を何度も何度も読み返している人がたくさんいました。是非続けてくださいね。クロムブックを使うことが目的になってはいけません。君たちが目指すべきは「社会の力のレベルアップ」です。
#前回の自由進度学習で「3回も」教科書を読み込んだ人を紹介します。
○○さん、○○さん、○○さん、○○さん、○○さん、○○さん、○○さん、○○さん、○○さん、○○さん、○○さん、○○さん、○○さん、○○さん、○○さん、○○さん、○○さん…イイネ！！

❷友だちと「正しい付き合い方」をしよう
「一人で学んでもいいし、誰かと一緒に学んでもいいよ」と君たちには伝えました。
(ただし私語（おしゃべり）は絶対やめての約束つき)
前回の社会科の自由進度学習の授業で、難波先生が「いいな～」と印象的だったグループが、**○○さん、○○さん、○○さん、○○さん**の4人グループです。4人の全3回の自由進度学習は以下の流れで学んでいました。
【1回目】
4人で机を合わせつつも「真剣に教科書を読み込む」「線を引く」「何度も何度も読む」様子が見られました。おしゃべりをしたり、手を抜いたりする様子は全く見られません。

【２回目】
今回も４人で机を合わせて勉強していました。１回目で教科書を読み込んだ情報を共有します。資料集も追加で読み込んだり、お互いが調べたことに質問し合ったりしていました。後半はまとめのGoogleスライドを作ります。お互いに「それってどうやってやるの？」とGoogleスライドの機能も交流し合っていて、驚きました。
【３回目】
難波先生が一番驚いたのは、３回目です。**４人が自分の席で「１人」で黙々と集中して、まとめのスライドをつくっていました。**
「どうして、今日は４人でやっていないの？」と聞くと…
「今日はそれぞれ一人でやっても変わらないので、一人でやっています。なんか困ったことがあったら、相談し合う約束をした」と教えてくれました。

４人は、まさに**「自律した学習者」**だと思いました。

・友だちと「なんとなく」一緒にやる
・おしゃべりばかりして、一人でやるよりも勉強をしない
これは、本当の「勉強友だち」だとは思いません（難しい言葉だと「つるむ関係」といいます）。

次の自由進度学習も「誰かと一緒にやる」って人がいると思います。そのときに自分に問いかけてみよう。
その人は…「勉強の友だちだろうか？」と。
ただ「なんとなく一緒にやる」関係じゃなくて…
「１＋１以下」の「つるむ関係」じゃなくて…（例）おしゃべりをする、先生が近くにいるときだけやっているフリをする、手を抜く
〇〇さん、〇〇さん、〇〇さん、〇〇さんの４人が見せてくれたような「自律して学ぶ姿」が５年１組にどんどん増えていくと嬉しいな。

個別最適な学びが「孤立した学び」にならないようにしたい。よく聞く言葉ですよね。協働的に学ぶ工夫を取り入れると、「ただ一緒にやっているだけ」ってグループもいて、頭を悩ませている先生も多いのではないでしょうか。

テストの点数や通知表を気にしすぎている人に向けて書く学級通信

学級通信～自分のアタマで考えよう～
大切なものは目には見えない

「大切なものは目に見えない」
難波先生が大好きな小説、星の王子様の一節です。
難波先生も30年以上生きてきて、「本当にその通り！！」と実感している言葉です。
私たち人間は「目に見えるもの・わかりやすいもの」が気になってしまいます。
・できるできない　・テストの点数　・通知表の成績　・足が速いかどうか

今回で言えば…「運動会の団体競技の順位」が「目に見えるもの・わかりやすいもの」ですよね。
2組が1位で、1組が2位でした。
でも**「大切なものは目に見えない」**のです。この運動会でまさに感じました。
運動会を通して、先生はみなさんの「いいな」って思う場面にたくさん気づけました。
3つ紹介させてください。

～5年1組が手に入れた、目には見えない大切なもの3つ～

1: 一生懸命がんばった経験・思い出
「学年競技で勝ちたい！」そう思って、みんなで力をあわせましたね。
学級会、みんなで「◯◯したらいいんじゃない？」と意見を出し合いましたね。
「1組は内側に寄る作戦でいこう！」や「先生、昼休みに練習してもいいですか？」
など皆さんから感じられる「やる気」「勝ちたい！」「1組に貢献したい」って思いでがんばった経験は、何ものにも代え難い宝物です。家庭学習で本気で調べてくる子も続出しました。本当に素敵でしたよ。
一生懸命がんばったという経験・思い出は「目には見えない大切なもの」です。

2: 友だちと協力しあった、支え合った経験・思い出
先生が1組の姿で好きなのが学年競技のとき、自分たちが出番以外の、待っている時間です。
「頑張れ～！」「◯◯ちゃん、がんばれ～！」
「まだ、大丈夫大丈夫！」
「みんな、そろそろ来るよ」
とお互いに声をかけ合っている姿が素晴らしいと思いました。
誰かを応援する声って、素敵だよね。
友だちと協力し合った、支え合った経験・思い出は、「目には見えない大切なもの」です。

3: 必死で考え抜いた経験
本番の３日前。２組に大差をつけられて負けました。
相当落ち込んでいる様子でした。
でも、その日の夜、家庭学習で速くなる方法を調べた人が７人（YouTubeも検索したんだって）、おうちの人と作戦を話し合ってきた人が３人いました。この経験こそ宝物です。

「どうせ無理だ。２組は強いし」じゃない。
「あと２日しかないし、厳しいよ」じゃない。
「まあ別にいいや～」じゃない。
「負けた…ショック…くそっ」で終わらない…。

自分のアタマで考えて、自分のアタマで判断して、自分から行動に起こした人が、こんなにも１組にいたことが嬉しかったです。
必死で考え抜いた経験は「目には見えない大切なもの」です。

行動しなきゃ変わらないし、他人のせいにしたって幸せになれないし、不満をもらすだけじゃ誰も力を貸してくれません。

そんな素敵なことを、私も５年１組の姿から学ばされた運動会でした。

事例は運動会の学年競技ですが、「テストの点数」に必要に執着する子、保護者にも応用が効く学級通信だと思います。「目には見えない大切なもの」を見ようとする心を育てていきたいものです。

何のために勉強しているのか問いかける学級通信

学級通信～自分のアタマで考えよう～
偉そうにするならレベルアップしない方がよかったのでは？

難波先生はよく「レベルアップしよう」「勉強しよう」「読書をしよう」と言いますね。
もし、難波先生の言葉をしっかり受け止めて、10年後、20年後、頭がかしこくなって、とても力がある大人になったとしましょう。
じゃあ、質問です。そんな自分になれたとしたら、キミはどんな人生を送りたいかな？

これだけは伝えておきたいことがあります。

「偉そうにする」ためにレベルアップをするなら、しないほうがいいです。

実は、先週こんな話が先生の耳に入りました。
内容を簡単に伝えると「スキーで転んでいる人を見下した発言をしていた人がいた」というものです。
その発言をした人は、おうちの人に何度もスキー場に連れていってもらっているし、スキースクールにも通っているので、転ぶことは、ほとんどないんだそうです。
さて、自分のアタマで少し考えてみましょうか。
スキーが上手なのは、その人が「偉い」からでしょうか？
絶対ちがいますよね。

たまたま運がよくスキーの経験がたくさんできる環境にいたからではないでしょうか。
学校以外で、おうちの人からもスキーを教えてもらえたことに感謝の気持ちはもっているのでしょうか。
決して安くないお金をかけて、スキースクールに入れてもらえていることが、どれだけ恵まれていることかわかっているのでしょうか。
そんなに上手なのであれば、どうして苦手な人に、優しく教えてあげない

のでしょうか。
あなただけできれば、あなたの人生は満足なのでしょうか。
友だちから「すごい！」とだけ言われていれば、他の人はどうでもいいのでしょうか。

色んなことを考えさせられました。

難波先生の個人的な意見ですが、**スキーが上手になることで、下手な人を見下すのであれば、スキーが上手になる必要はなかったのでは？と思っています。**

何のためにレベルアップしたいの？　その手に入れた力で、どんなふうに生きていきたいの？
偉そうにしたいの？　誰かを見下したいの？
誰かの役に立ちたいの？　人から感謝されたいの？

自分のアタマで考えよう。

勉強に限った話ではありませんが、「できる人」が「できない人」を下に見るような態度を決して許さない姿勢を示しています。

子どもたちの頭だけではなく、心も両輪で育てなくてはいけません。

何のために勉強しているのか問いかける学級通信②

学級通信～自分のアタマで考えよう～
何のために勉強するのかという問い

「自分のアタマで考えよう」の最終号です。
先生が大好きなエピソードを話します。
ある小学生とお母さんの、こんな会話です。

お母さん「大きくなったら何になりたいの？」
小学生「ボクは一等賞になりたいんだ！」
お母さん「なんで一等賞になりたいの？」
小学生「だって一等賞はスゴイからだよ！」
お母さん「それじゃあ、一等賞にはなれないね」
ムスッとした我が子に対して、お母さんは、こう続けます。

お母さん「よく聞きなさい。ひょっとしたら、あなたは何かで一等賞になれるかもしれない。でも、それはあなたのためじゃなくて、困った人を助けるためなのよ」
小学生「お母さん、何言ってるの？よくわかんない。一等賞がスゴイんだよ！」
お母さん「今はわからなくてもいいわ。覚えておきなさい。この世には神様がいるのよ。『おかげ様』って神様よ。たとえば、今あなたが履いている靴や洋服もね、あなたが会ったこともない誰かが、あなたのことを思って、一生懸命作ってくれた人たちの『おかげさま』のおかげなのよ。その『おかげさま』の存在だけは忘れてはダメだよ。そして、あなたが大きくなったときは、誰かの『おかげさま』になるのよ。そう、一等賞は困った人たちを助けるために神様がくれるものなのよ。あなたには、人から喜ばれる人になってほしいわ。それが私の夢だわ」
このエピソードを聞いて、何を思いますか？

皆さんは、この１年でとてつもなく成長しましたね。
たくさんのことが、「できない」から「できる」ようになりましたね。

皆さんは、この１年でいっぱい勉強しましたね。
たくさんのことが「知らない」から「知る」に変わりました。

皆さんは、いっぱい自分のアタマで考えましたね。
自分の周りで「知っていた」だけのものが「わかる」へとレベルアップしました。

これからも、難波先生の想像を遥かに超えていく成長をしていくのでしょうね。
成長して得た力を、「誰かの笑顔のために」使える人間になってほしいと心から願っていますよ。

４月の最初の授業に、皆さんに問いかけた質問をして、学級通信最終号を終わります。

皆さんは、何のために勉強するのですか？

１年間、本当に楽しかったです。どうもありがとう。
心から応援しています。

勉強の能力も、勉強に向かう姿勢も１年間で驚くほど成長した小学３年生に送った学級通信最終号です。

学んで得た力を、「自分や誰かを幸せにするために使ってほしい」。そんな願いを込めて、言葉を贈りました。

エピソードは『喜ばれる人になりなさい』（永松茂久著 すばる舎）をもとに作成しています。

卒業文集で送る学級通信

学級通信～自分のアタマで考えよう～

自分だけの正解は自分のアタマで考えた先にある

「自分のアタマで考えてごらん」
「じゃあどうしたらいいと思う？」
「本を読みなさい。読書読書読書…」

集計はしていませんが、先生が２年間で皆さんに発した言葉ベスト３だと思います。
（卒業文集巻末の２組流行語大賞には一切ノミネートされない辺りは、さすが２組の皆さんです…）

繰り返し言うには理由があります。
なぜだと思いますか？　それは、超重要だからです。

一度だけでは、足りないと思うから、毎日言いました。

たとえば、この文章を読んでいる君は、今は中学生だろう。
そこで、自分が思うような成績が出せなかったとする。そのとき、君はどうする？

「俺はやっぱりアタマが悪いんだ」と自分を慰める？
「あいつは勉強ばかりのガリ勉だ」と他人の足を引っ張ろうとする？

中学校生活に限らず、**人生のいかなるときも、自分のアタマで考えた自分の行動でしか人生はよくならない。**

これから出会うたくさんの大人も、君を応援してくれるだろうし、お家の人だって、いつも君の味方でいるはずだ。

でも、これだけは覚えておいてね。

人生は「君が踏み出す１歩」でしか変わらないってことを。

だって君の人生だから。

他人の人生じゃない。

大丈夫、一段ずつゆっくり上がっていこう。

君ならできるよ。この２年もできていたから。

心の底から、ずっと応援しているよ。

卒業、おめでとう。楽しい２年間を、本当にありがとう。

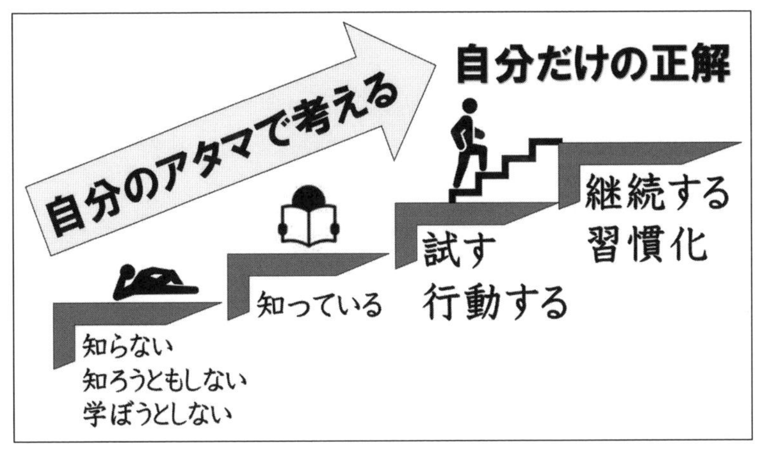

卒業文集にて送った言葉です。「自分のアタマで考えよう」は、子どもたちに伝え続けています。

自分の人生を「自分事化」する。勉強も人生も、まずはそこがスタートラインだと信じています。

国語学習進行表

学習者

準備時間4時間の学習計画を立てよう

話す力 聞く力を レベルアップする	資料を活用して、自分の考えが 伝わるように表現を工夫する
取り組んだ日 先生欄(C･B･A)	・構成を考えて、スピーチメモを作ろう(p213 下矢島さんの例参考) □初め・中・終わりはある？ □資料を使う場所も決めている？ □あなたの主張はある？(ノートに構成メモを書く→先生に見せる)
取り組んだ日 先生欄(C･B･A)	次へ ・資料を準備しよう(p214 上③を参考にしよう) □資料は、聞き手に合わせた内容になっている？ □資料は、情報をしぼっている？ □資料は、図・表・絵も使っている？(資料を用意→先生に見せる)
取り組んだ日 先生欄(C･B･A)	次へ ・練習しよう(別冊プリント&付属のCDを参考にしよう) □聞いている人の方を見ながらスピーチできる？ □友だち2人以上に聞いてもらって、良かった所・もっと、こうしたら良い所のアドバイスをもらった？ □自分で動画撮影をしたり音声を録音したりして分析した？ (ノートに自分のアタマで考えたことを書く→先生に見せる)

学びの「振り返り」

～「振り返り無し」は「学び半分」～

学習者

日付	集中点 進捗点	成長へ向けた、振り返り 上手くいった○→なぜ？　ダメだった×→なぜ？
3月11日の 学びの振り返り	点 点	事実→ 分析→
3月12日の 学びの振り返り	点 点	事実→ 分析→
3月13日の 学びの振り返り	点 点	事実→ 分析→
3月14日の 学びの振り返り	点 点	事実→ 分析→
3月15日の 学びの振り返り	点 点	事実→ 分析→

国語学習進行表

学習者

3月4日(木)・3月5日(金)・3月8日(月)

※3月9日(火)は単元末テスト

国語	登場人物の関係を捉え、 人物の生き方について話し合おう
誰と？ 集中点は？　点 先生欄(C・B・A)	・ふかめよう □瀬の主は太一にとってどのような存在？ □太一の考える「本当の一人前の漁師」とは？(先生へ提出) □なぜ太一は泣きそうになったのか？
誰と？ 集中点は？　点 先生欄(C・B・A)	・まとめよう □太一のとって「海の命」とは何だろうか？(先生へ提出) □それぞれの人物の生き方を考え、自分の考えをまとめよう (与吉じいさ・父・母・から一人選んで、生き方を考えてみよう)
誰と？ 集中点は？　点 先生欄(C・B・A)	・ひろげよう □人物の生き方について考えたことを3人以上で話し合おう □友だちの意見を聞いて、よく分かったことや、自分の考えが変わったことを、ノートにまとめよう(先生へ提出)

全部終わった人は『人物の生き方、考え方を学べる本』を読む

(教科書232ページや265～を参考に図書室へ)

国語学習進行表

学習者

見通しをもって4時間で全てチェックを付けよう！

<table>
<tr><td>国語</td><td>文章以外の資料を、効果的に
用いた意見文を書き上げよう。</td></tr>
<tr><td>知識・技能
資料と文章を対応させた言葉を使えている。
先生欄(C・B・A)</td><td rowspan="2">ふかめよう⇔まとめよう
□「自分の考え」に合ったグラフや表を選ぶ。
□構成を決めて、構成メモを書く
「自分の考え」「グラフや表の説明」「それをもとに考えたこと」「まとめ」など、段落の役割を決める。順番を決める。
（先生へ見せる→スクールタクト「構成メモ」）
□Google ドキュメントに構成メモをもとにして、グラフや表を用いて書こう。
□必ず、推敲しましょう。（すいこう…覚えてる？）</td></tr>
<tr><td>思考・判断・表現
説得力のある文章を書く工夫をしている。
先生欄(C・B・A)</td></tr>
<tr><td>主体的態度
粘り強く学ぶ、見通す学びを生かして、意見文を書こうとしている
先生欄(C・B・A)</td><td>・ひろげよう
□友達と「グラフや表の用い方や、文章構成のしかた」で意見や感想を述べ合おう。５人以上と話し合おう。
□友だちの意見を聞いて、よく分かったことや、自分の考えが変わったことを国語ノートにまとめよう（先生へ提出→ノート）</td></tr>
</table>

国語言葉　説明文・論理的な文編

一年生

□**題名**…本や文章に付けられた名前。本の題名は表紙にある。

二年生

□**組み立て**…文章や話が、どのようなまとまりと順序でできているかということ。組み立ては「はじめ」「中」「終わり」のまとまりで考えると、分かりやすくなることが多い。

□**質問**…分からないことや知りたいこと、確かめたいことなどを、人にきくこと。質問をするときは、相手の話をよく聞いて、関係のあることを尋ねるようにする。

□**筆者**…文章を書いた人のこと。物語や詩などを作った人である「作者」と区別して、説明する文章を書いた人を「筆者」という。

□**話題**…話したり話し合ったりするときの、中心となる事柄や材料のこと。

三年生

□**段落**…文章を組み立てている、事柄ごとの内容のまとまり。初めを一字くり下げて表す。

□**問い（問いの文）**…これから何を書くかを、読み手に問いかける形で表した文のこと。

□**引用**…他の人が言ったことや、本などに書かれていることを、自分の話や文章の中で使うこと。

1 かぎ「」をつけるなどして、他と区別する。
2 元の言葉や文を、そのまま抜き出す。
3 どこから引用したのかを示す。

□**句読点**…文の終わりに打つ句点と、文の中の意味の切れ目に打つ読点を合わせた言葉。

□**索引**…図鑑などで、その本の中にある言葉や物事が、どのページにあるかを五十音順などで示してあるもの。

□**キャッチコピー**…相手を引きつけるように工夫された、短い言葉。

□**奥付**…その本の書名や作者、筆者名、発行年、発行者などを記したページ、また、その部分。ふつう、本などの終わりのほうにある。

四年生と五年生

□**箇条書き**…事柄を、短く、一つ一つ分けて書き並べる書き方のこと。「・」や「①②…」など、記号や数字を用いることが多い。

□**要点**…物事や人の話などの中心となる、大事な事柄のこと。

→中心となる大切な文を見つけ、体言止めで短くまとめる。

□**要約**…目的や必要に応じて、話や本、文章の内容を短くまとめること。元の文章の組み立てや表現をいかしてまとめるものと、自分の言葉に言い換えてまとめるものとがある。

→文章全体の構成をとらえ、要点をつないで文章化する。

□**要旨**…筆者が文章で取り上げている、内容や考えの中心となる事柄。文章全体をまとめている段落に表れることが多い。

→要約の文章から、具体的な例を述べている部分を除く。

□**見出し**…文章のまとまりの初めに置かれる、要点を短くまとめた言葉。

□**構成**…話や文章の全体が、どのようなまとまりで組み立てられているかということ

□**事例**…ある物事や考えを説明するために例として挙げられる、具体的な事実のこと。

□**主張（筆者の主張）**…自分の意見や思いを他の人に訴えること。また、その意見や思いのこと。話し合いや意見文などでは、自分の主張や立場を明確に示す必要がある。

□**対比**…二つのものを比べて、違いをはっきりさせること。

□**取材**…知りたいことなどについて、さまざまな方法で調べて材料を集めること。実際に見たり聞いたりする、本やインターネットで調べる、アンケート調査をするなどの方法がある。

□**割り付け**…新聞などで、記事や見出し、写真・図などの大きさと、入れる場所を決めること。

□**アンケート調査**…多くの人に同じ質問をして調べる方法。答えを書き込んでもらったり、用意した答えの中から選んでもらったりする。

□**出典**…話や文章の中で、引用したり参考にしたりした本や資料などのこと。本の場合は、著者、作者名、書名、出版社名、発行年を示す。ウェブサイト名と、サイト管理者の名前などの情報を示す。

算数　自分のアタマで考える勉強

学習者

自分をレベルアップしよう。みんなでもレベルアップしよう。

3年生3章 たし算とひき算	3桁や4桁のたし算・ひき算の計算仕方を理解し、計算が確実にできる力レベルアップ
今日の レベル アップ 先生合格 の印	・出来たら、先生に、合格をもらおう □　教科書43p　葉っぱ9を　声に出して読む □　どんちゃんの横に　およその　みつもりを書く □　葉っぱの9の　答えを　教科書に　書く □　教科書43p　■18の問題を筆算でノートに　とく ※ほじょ数字　と　けし線　を　わすれずに！ □　教科書43p　■19の問題を筆算でノートに　とく □　教科書43　葉っぱ10を　声に出して読む □　ぐりちゃんの　言葉を　読む □　葉っぱの10の　答えを　教科書に　書く □　教科書 43p　□20の問題を　筆算でノートに　とく □　教科書 43 □21の問題を　筆算で　ノートに　とく
残りの時間 をどうする？	【もっと問題を解きたいよコース】 □ステップアップ算数139 ページ　◇11 ※丸つけは自分 【友だちを笑顔にしたいコース】 □「教えてゾーン」の人に、笑顔で話しかけてみよう。

かしこさマイレージ

友だちのありがとう

（貢献）
◎ファンレター５通以上
○２通以上

Googleスライド

（考える力）
◎主張・理由・事実１・事実２があるGoogleスライドの提出
○期限内に完成できた

社会の学習と向き合う

（知識・学びに向かう力）
◎教科書を全ページ３回読んだ
○教科書を１回ずつ読んだ

役に立つ発信

（貢献）
◎いいね５０以上
○２０以上

社会大好き人間

（知識・学びに向かう力）
◎家庭学習でも３回取り組んだ
○家庭学習でも１回取り組んだ

知識のテスト

（知識・学びに向かう力）
◎知識のテスト満点
○８５％

かしこさマイレージ

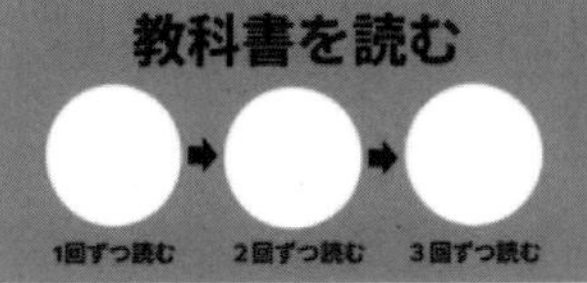

p112,113,114,116,117,118,119,120,121,122 （わたしたちの生活と森林）

p124,125,126,127,128,129,130,131,132,133 （環境を守るわたしたち）

**要点をまとめる
考えをメモする**

わたしたちの生活と森林「学習進行表」全箇所を書く

環境を守るわたしたち「学習進行表」全箇所を書く

インプットする

ニューコース　未来広告ジャパン　イーボード

5章　5-1 5-2 5-3 かいせつ・カード・ドリル （ニューコース）

第18回と第19回 （未来広告ジャパン）

日本の自然と環境 ▶ 1森林と日本の林業 / 3公害（イーボード）

アウトプットする

構成メモを書く
先生に見せる

ドキュメント
報告文
「自分にできることは○○」

3-2世界の未来と日本の役割

名前

単語	読み	意味	悪い計画の例	良い計画の例
Specific	スペシフィック	明確	頑張りたい	P109まで終わらせる
Mesurable	メジャラブル	測定可能	できるとこまでやる	クイズを10問作る
Achievable	アチーバブル	達成可能	1日で100ページやる	10分1ページをやる
Relevant	レレバント	関連性	関係のない話をする	世界に関する本を図書室で読む
Time-bound	タイムバウント	期限	教科書を読む	教科書を7分で読む

振り返りの項目	上手くいった自分の振り返り例	ダメだった自分の振り返り例
戦略変更	○→黙って取り組む時間をとるようにしたら集中できた	×→クイズ形式にしたが、頭に入らなかった
妨げへの対応	○→チームを変えてみた。新たな進友が見つかった	×→○○君と5回もお喋りをしてしまった
粘り強さ	○→最後の15分に立って勉強をした	×→6時間目で集中ができなかった
助言要請	○→先生に質問する時間を取ったらわかった	×→何をしたらいいか15分困っていた
つまづきへの気付き	○→幕府と朝廷の違いを分かっていないことが原因だった	×→意味の分からない言葉が多かった

好奇心をもつ

自分で考える

知識を増やす

回	目的	計画/必ず取り組む課題	行動の記録	学びの点	振り返り　成果→なぜ上手くいったのか？　課題→何が足りなかったのか？
例	考	・p142とp143を声に出して2回読む ・考えるために必要な情報に赤線を引く ・分からない言葉は辞書で調べて、友達に説明する ・20分間1人で黙って取り組み、その後交流する	○5分、教科書を読む ○5分、線を引いた ○15分、新聞に考えを書いた ×3回おしゃべりをしてしまった	85点	戦略変更○→前回は友だちとクイズ形式だったが、途中で、お喋りをしてしまう。戦略を変えて、喋らない時間を10分入れた。静かな時間が増えて、勉強する時間が倍になった。 妨げへの対応×→○○君と取り組むと、いつもお喋りをしてしまい集中力が無くなってくる。特にラスト10分はお喋りに発展しやすいので、席を離して、自分で集中できる環境を作った方がよい。
1		・難波先生の単元オリエンテーション(20分) ・単元の計画を立てる(10分) 振り返り(5分)			
2		・振り返り(5分)			
3		パソコン室使用可能 ・振り返り(5分)			
4		・振り返り(5分)			
6		・新聞提出締め切り日 ・振り返り(5分)			
7		・振り返り(5分)			

知識のテスト　5時間目

思考力テスト　8時間目

（評価の3観点）

・疑問をもち予想をするなど、主体的に(自分から)学習問題を追究し、解決しようとしている。<A/B/C>

・深く考え、新聞にまとめたりして、適切に表現している　新聞の得点＋思考力テスト。<A/B/C>

・テストの点数　　　点

5章3 環境を守るわたしたち　自由進度学習進行表

名前

回	学習		自分の考え
1	オリエンテーション 鴨川の変化について 話し合おう	（考えたい問い）	
2	教科書 P126　資料集p5,128,129 なぜ鴨川は 汚れていたのでしょうか？	キーワード…公害、高度経済成長	
3	教科書 P128　資料集p5,128,129 京都市では、鴨川をきれいにするために、どのような取り組みが行われた？	キーワード…法律	
4	教科書 P130　資料集p5,128,129 きれいになった鴨川を守るため、どのような取り組みが行われているのでしょうか？	キーワード…条例	
5	自分の考えメモをもとに、ドキュメントをまとめよう	【総合×社会】 ・Googleドキュメントに自分の考えをもとに、報告文を書きましょう 題名【自分の行動で未来を変えよう！私ができることは…】 主張→事例→主張の総括型で思いを伝えましょう	
6	自分の考えメモをもとに、ドキュメントをまとめよう		

単元テストは、この間に実施する

独学の時間（一人で30分、だまって勉強する力をつけよう）

名前

何のレベルアップをするの？（○をつけよう）

国語　算数　理科　社会　外国語　道徳　図工　総合

音楽　子ども通信　そのほか

30分の計画（いくつの勉強をどの順番でやると効果があるかな？）

①

②

③

【なんで、その勉強をするの？】

30分間で、勉強の邪魔（じゃま）になりそうなことはある？そうなったら、どうする？

□むずかしくて、イヤになったら？→（対策）

□集中力がなくなってきたら？→（対策）

□ねむたくなってきたら？→（対策）

□おしゃべりしたくなったら？→（対策）

□飽きてきたら？→（対策）

【メタ分析…勉強の振り返りを書こう】

正解のない答えを「自分のアタマで考えよう」～かしこい人、かっこいい人になろう～

名前/

考えるテーマ

授業の問い

対話する**前**のキミの考えを書こう

対話した**後**のキミの考えを書こう/時間がある人は振り返りも書こう

【振り返りの例】

・これまでの自分は「今日のテーマ」は「できていた？」「できていなかった？」　なぜなら…
・印象に残った友だちの言葉はあった？自分と同じ？全然違った？　具体的に言うと…
・今日学んだことに「キャッチフレーズ」をつけるなら？　例）命は大切。新しいものに交換できない一生に一つのもの。

WOOPの計画

Wish(願望は？)
①あなたが成し遂げたい目標は？
※難易度設定が重要、自分の力で出来るもの

Outcome(結果は？)
②その目標を達成した時にどうなる？
※具体的に達成後の自分をイメージしましょう

Obstacle(目標の妨げになりそうなものは？)
③目標達成の邪魔になりそうなものは？
④実際にそれが起きた時はどうする？

Plan(計画)
⑤どうすれば目標が達成できる？
※if then plan や small goal を活用しましょう

WOOPの計画

Wish(願望は？)
①

Outcome(結果は？)
②

Obstacle(目標の妨げになりそうなものは？)
③
④

Plan(計画)
⑤

GOODの計画

Goal(目標は？)

①この時間に集中したい目標は何ですか？

②なぜその目標は重要なのですか？

Option(目標達成の手段は？)

③目標達成の為の具体的な方法は？

④もしその行動を取らなかった時の影響は？

Obstacle(目標の妨げになりそうなものは？)

⑤目標達成の邪魔になりそうなものは？

⑥実際にそれが起きた時はどうする？

Do(実行)

⑦最初に取り組むことは何ですか？

⑧どの位かかりますか？その後は何をしますか？

GOODの計画

Goal(目標は？)

①

②

Option(目標達成の手段は？)

③

④

Obstacle(目標の妨げになりそうなものは？)

⑤

⑥

Do(実行)

⑦

⑧

SMARTの計画

Specific（具体的で）
①あいまいな計画になっていませんか？
×社会の勉強を頑張りたいです

Measurable(測定可能な)
②客観的に達成できたか分かる目標になっている？
×算数の問題をいっぱい解く

Actionable(実現可能な)
③その目標は頑張ったら達成できるものですか？
→ハードルは低過ぎず、高過ぎず

Relevant(関連した)
④自分の「どうなりたいか？」の理想に関連した目標になっていますか？

Timebound(期限を示した)
⑤目標に期限を決めていますか？
→明確な期限を自分で決めましょう

SMARTの計画

Specific（具体的で）
①

Measurable(測定可能な)
②

Actionable(実現可能な)
③

Relevant(関連した)
④

Timebound(期限を示した)
⑤

けテぶれの計画

計画
①具体的にやることは何ですか？
②学習の意気込みは？

テスト
③自分で自分をテストする
④間違いは宝物→分析へ繋げよう

ぶんせき
⑤心を分析しよう（集中と進捗）
⑥実力を客観的に分析し改善策を書こう→練習へ

れんしゅう
⑦改善策に直ぐとりかかろう
⑧長期的に覚えているための工夫は？

けテぶれの計画

計画
①
②

テスト
③
④

ぶんせき
⑤
⑥

れんしゅう
⑦
⑧

レベルアップを言葉にする

テーマ	名前

レベルアップ前		なりたい姿（すがた）
今できる事		どうすれば、なれる？ 作戦① 作戦②
今できない事（できるようになりたい事）		

【〇でかこんで振り返りを書こう】

成長した事➡

うまくいかなかった事➡

〇〇さん、スゴイ！➡

これからレベルアップしたい事➡

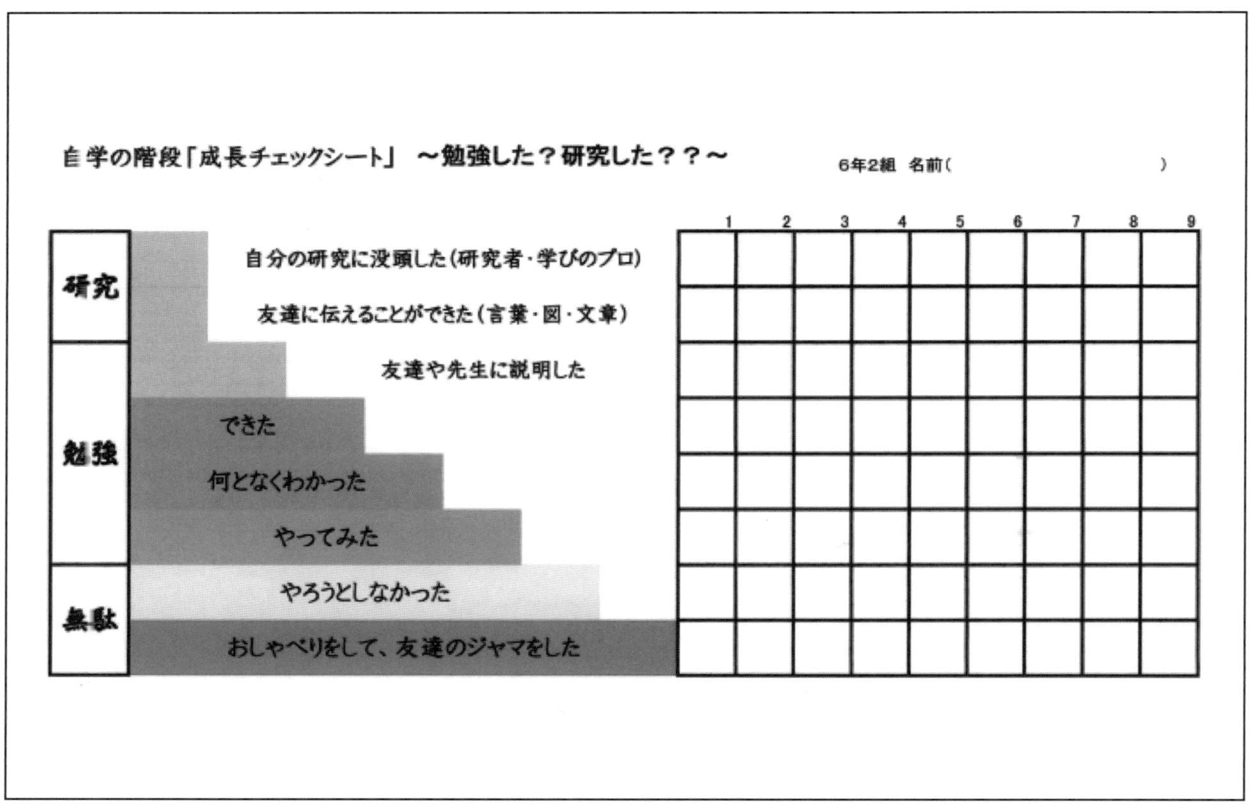

自学の階段「成長チェックシート」　～勉強した？研究した？？～

6年2組　名前（　　　　　　　　　　）

		1	2	3	4	5	6	7	8	9
研究	自分の研究に没頭した（研究者・学びのプロ）									
	友達に伝えることができた（言葉・図・文章）									
勉強	友達や先生に説明した									
	できた									
	何となくわかった									
	やってみた									
無駄	やろうとしなかった									
	おしゃべりをして、友達のジャマをした									

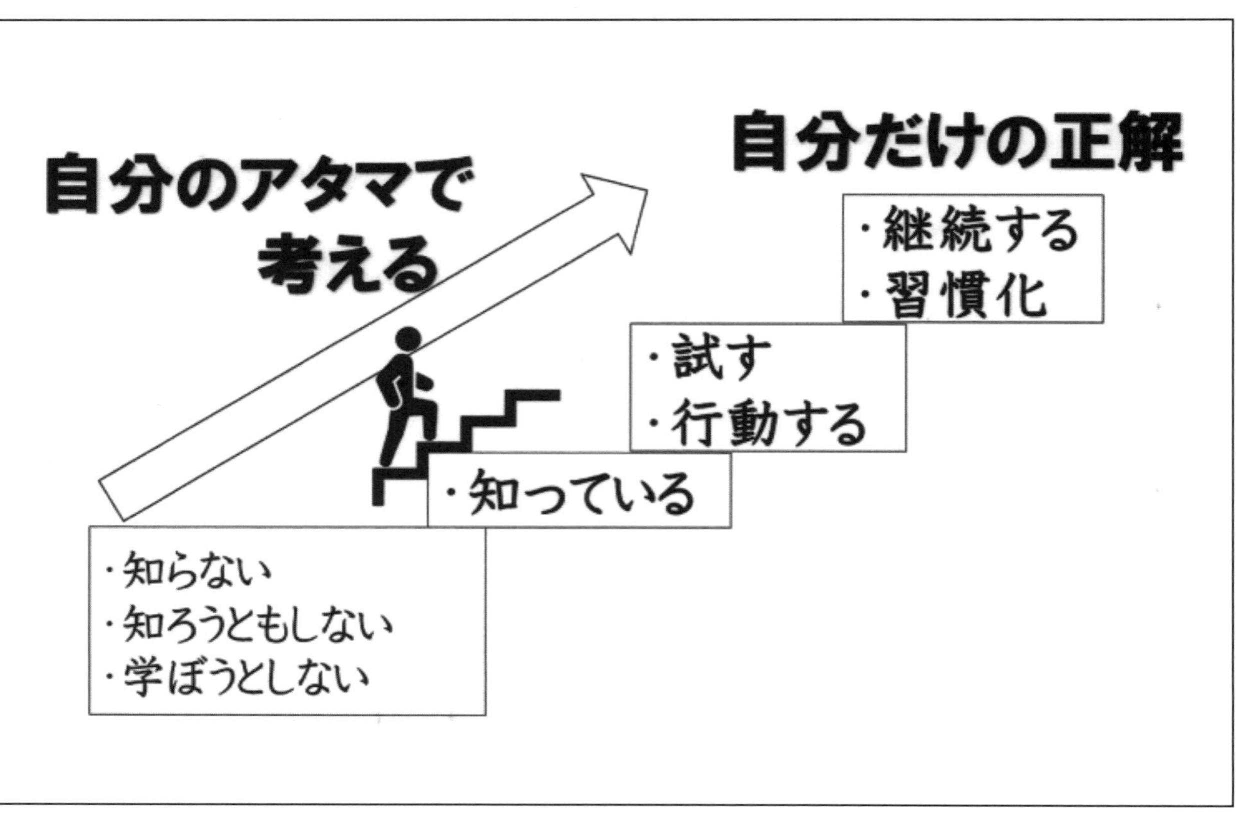
自分のアタマで
考える
自分だけの正解
・継続する
・習慣化
・試す
・行動する
・知っている
・知らない
・知ろうともしない
・学ぼうとしない

【参考文献】
・小山儀秋 監修／竹内淑子 著（2019）『教科の一人学び「自由進度学習」の考え方・進め方』黎明書房
・蓑手章吾 著（2021）『子どもが自ら学び出す！ 自由進度学習のはじめかた』学陽書房
・奈須正裕 著（2021）『個別最適な学びと協働的な学び』東洋館出版社
・冨田明広、西田雅史、吉田新一郎 著（2021）『社会科ワークショップ 自立した学び手を育てる教え方・学び方』新評論
・ナンシー・アトウェル 著／小坂敦子、澤田英輔、吉田新一郎 翻訳（2018）『イン・ザ・ミドル ナンシー・アトウェルの教室』三省堂
・スター サックシュタイン、コニー ハミルトン 著（2019）『宿題をハックする 学校外でも学びを促進する10の方法』新評論
・M. チクセントミハイ 著／大森 弘 翻訳（2010）『フロー体験入門 楽しみと創造の心理学』世界思想社
・葛原祥太 著／雛川まつり 漫画（2022）『マンガでわかる けテぶれ学習法』KADOKAWA
・キャロル・S・ドゥエック 著（2016）『マインドセット「やればできる!」の研究』草思社
・土居正博 著（2019）『クラス全員が熱心に取り組む！ 漢字指導法 ―学習活動アイデア＆指導技術―』明治図書出版
・めがね旦那 著（2022）『「居心地の悪くない」クラスのつくり方』東洋館出版社
・樋口万太郎 著（2021）『3つのステップでできる！ ワクワク子どもが学び出す算数授業♪』学陽書房
・スティーブン・R・コヴィー 著（2013）『完訳 7つの習慣 人格主義の回復』キングベアー出版
・石田 淳 著（2007）『短期間で組織が変わる 行動科学マネジメント』ダイヤモンド社
・エイミー・C・エドモンドソン 著／村瀬俊朗 解説（2021）『恐れのない組織――「心理的安全性」が学習・イノベーション・成長をもたらす』英治出版
・テレサ・アマビール、スティーブン・クレイマー 著／中竹竜二 監訳／樋口武志（2017）『マネジャーの最も大切な仕事 95%の人が見過ごす「小さな進捗」の力』英治出版
・工藤勇一、青砥瑞人 著（2021）『最新の脳研究でわかった！自律する子の育て方』SBクリエイティブ
・齋藤 孝 著（2004）『そんな友だちなら、いなくたっていいじゃないか！齋藤孝の「ガツンと一発」シリーズ 第3巻』PHP研究所
・渡辺道治 著（2022）『心を育てる語り』東洋館出版社
・渡辺道治 著（2021）『学習指導の「足並みバイアス」を乗り越える』学事出版
・永松茂久 著（2021）『喜ばれる人になりなさい 母が残してくれた、たった1つの大切なこと』すばる舎

謝辞～おかげさま～

国語の授業では「筆者は一番伝えたい主張は最後に書く」と学びます。本の世界で不思議だなと思っていたことの一つが、「謝辞」が最後にあることでした（最初に書く人がいてもいいのに。もしくは書かずに、近しい人だから直接伝えたらいいのに…と恥ずかしながら疑問に思っていました）。

人生で初めて本を１冊書く経験をいただき、謝辞が最後にある意味が心から理解できました。「本を１冊書く」のは、多くの人たちの力を借りた「おかげさま」の土台の上に成り立っていたのだと実感しました。本書の最後に心からの感謝を伝えさせてください。

私は不器用で、特に勉強に関してはもの覚えが悪い少年でした。一度、聞くだけでは到底理解できず、何度も何度も授業を終えたばかりの先生に駆けつけて質問をしまくる子でした。そんな私にとって「本」という媒体は宝物で、著者の皆さんは、私が知らない世界を丁寧に繰り返し教えてくれました。行動・考え方の土台は、本の世界で出逢った先人・先駆者の皆さんの発信によるものです。ありがとうございました。

家族のみんなにも感謝をしています。本を１冊書くという自分を表現する行為ができるのは、一番身近である家族が否定せず、いつも応援してくれているからです。たとえ誰かに心無い批判を受けたとしても、大切な家族は応援してくれる安心感があるから表現できた１冊です。

11年の年月「教員」の職業を務めてきました。飽き性だった過去の自分も驚いているでしょう。それほど教員の仕事は、魅力的な面がたくさんあります。最も魅力的なのは「人」です。仕事仲間、子どもたち、保護者の方々の温かい支えなしでは11年続けることできませんでした。仕事を通して関わってくださった皆様に感謝いたします。

勤務する学校での出逢いだけではなく、他校の先生方との出逢いからも影響を受けました。特に、同じ札幌の渡辺道治先生（「BBQ型学級経営」・

「心を育てる語り」他多数の著者）からは、人としてのあり方・考え方を教えていただきました。渡辺先生との出逢いがなければ、本書が世に出ることはなかったでしょう。ありがとうございました。

最後に、出版という貴重な機会をくださった東洋館出版社の皆様に厚く御礼申し上げます。特に編集者の北山さんには「先生らしさを出しましょう」「先生のよさが出ることを一番大事にしたい」と何度も心強い言葉に背中を押していただきました。初めの１冊目を北山さんとつくることができてうれしいです。この場を借りて感謝いたします。

おわりに〜いろんな人がいる場所「学校の教室」

学校の教室には「いろんな人」がいます。

たとえば、ダンス教室には、ダンスが上手になりたい人が集まっているし、野球部には、野球が好きな子が集まってくる。

じゃあ、学校の場合は、どうだろうか？

勉強ができるようになりたい子が集まってきただろうか？　学校が好きな子が集まってきただろうか？　ちがうはずだ。

学校の教室とは、実に多様な場所なのだ。

そんな多様な教室で、唯一の大人である教員は今日も「できることは何だろう？」と試行錯誤を続けている。

教員になり11年。ずっと考えてきたことがある。

目の前の子どもたちが「勉強を好きになってほしい」「学ぶっておもしろいと感じてほしい」と。

強制的な「やらなきゃ」が原動力じゃなくて「子どもが自分からしたいと思える授業はできないだろうか」と。

11年、探し求めて、私なりに辿り着いた「仕組み」の１つが「自由進度学習」である。この本を手に取り、ここまで読んでくれている皆さん。

一緒に挑戦しませんか？　自由進度学習に。

第４章の具体例を参考に５分でも10分でもいい。自分の教室で試してほしい。授業中に子どもが自由に選択できる部分を増やしてあげてほしい。先生が子どもたちと対話できる時間を増やしてほしい。**子どもと一人の人間同士として、前向きに関わる時間が飛躍的に増える**ことを約束します。

最後に「自由進度学習」を試してみた先の、未来の話をして本書を終えようと思います。

「自由進度学習」は素晴らしい「仕組み」の一つだと心から思います。でも「仕組み」には限界があります。

なぜなら私たちは、ロボットじゃない。心をもった人間だから。プログラミングされたって動かないときもある。動けないときもある。動きたくないときもある。

仕組みを整えていくことは大切な手立ての一つです。でもその土台に必要なのは「文化と愛」だと断言します。

文化…「学ぶって楽しい」クラスの雰囲気が必要です。文化づくりは、１日、１週間でできるものではありません。少しずつ浸透していきます。そのために教師自身が「学ぶって楽しい」を現在進行形で体感していることが大切です。（本を１冊読み切った皆さんなら大丈夫ですね。ありがとうございます。）

愛…「愛こそすべて」と11年の教師人生で行き着いた結論です。子どもたちのことを**「大切だからこそ」長期的目線**で応援してあげてほしいです。今できなくても、幸せに生きていたら、いつかできるかもしれない。そもそも、それができなくてもいい未来になるかもしれない。ずっと応援し続ける気持ちさえあればいいのかもしれない。

いろんな人がいる場所、学校の教室で、**自由に、幸せに学び続ける教室**をこれからも模索し続けていきたいです。本書を手に取ってくださり、ありがとうございました。

難波　駿

実際に本書を読んで「自由進度学習」に挑戦された方は facebook グループ「自由進度学習会」で報告してもらえるとすごくうれしいです。

本グループでは、本書に載せきれなかった内容やワークシートのデータも発信しています。是非御参加ください。

プロフィール

難波駿（なんばしゅん）

1988 年北海道富良野市生まれ。北海道教育大学卒。同年より札幌市公立小学校にて勤務。札幌市教育研究推進事業国語科副部長。北海道国語教育連盟所属。北海道学校図書館協会会員。
子どもが「学ぶって面白い」と感じる授業を目指し、国語教育と読書教育を中心に研究中。公立小学校にて学習者主体の授業手法や教育観に関する発信は注目を集め、多くの教育関係者に支持されている（令和 6 年 5 月時点で SNS 総フォロワーは 3 万人を超える)。
寄稿した本には「国語力を磨く　書く読む話す聴く 4 つの力の育て方（日本橋出版)」「With コロナ時代のクラスをつなげるネタ 73」(黎明書房) などがある。

X の投稿はこちらから。
@toniyakko

Voicy はこちらです。
放送コンセプトは「あなたの大切な人が勉強にちょっぴり前向きになる」。

2 作目の著書「学び方を学ぶ授業」の詳細ページです。是非こちらもご覧ください。

超具体！
自由進度学習はじめの１歩

2023（令和５）年２月24日　初版第１刷発行
2024（令和６）年10月30日　初版第９刷発行

著　　者　難波 駿
発 行 者　錦織圭之介
発 行 所　株式会社 東洋館出版社
〒101-0054　東京都千代田区神田錦町 2-9-1
コンフォール安田ビル２階
代　表　TEL：03-6778-4343
FAX：03-5281-8091
営業部　TEL：03-6778-7278
FAX：03-5281-8092
振　替　00180-7-96823
ＵＲＬ　https://www.toyokan.co.jp
［装　丁］原田恵都子（Harada+Harada）
［イラスト］大野文彰
［印刷・製本］藤原印刷株式会社

ISBN978-4-491-05081-2　Printed in Japan